本当は淫蕩な女神たち

TEAS事務所 著

はじめに

「本当の世界」へようこそ。

書籍「本当の世界」シリーズは、神話、伝説、歴史など、
世界の表舞台で華々しく紹介された存在に隠されていた、
おおっぴらに語れないウラ事情をお楽しみいただく書籍シリーズです。

第一弾となる本書は『本当は淫蕩な女神たち』。
淫らでインモラルな、女神たちの性の物語を紹介する一冊です。

世界各地で人々に崇拝されてきた、高貴で美しい女神たち。
ですが女神といえど、女性は女性。
人々の信仰心というヴェールを一枚剥げば、
そこにはむきだしの性への渇望があふれているのです!

この本では、古代の神話が伝えてきた、
女神たちの乱れきった性生活を、赤裸々な語り口で紹介します。
収録した女神は、32組33柱。
地域や宗教ごとにまったく違う性の文化と倫理が反映され、
女神たちの性の物語はとても多彩なものになっています。

さあ、女神たちの寝室を、たっぷりとのぞき見ていってください。

凡例と注意点

凡例
　本文内で「　」で囲まれている文字は、資料の名前をあらわします。

ギリシャの神の名前について
　古代ギリシャ語の単語を日本語で表記する場合、古代ギリシャ語の発音にしたがって、伸ばす音をすべて長音記号「ー」で表記する表記法と、長音記号をすべて省略する表記法があります。
　本書では、非常にわかりにくくなるなどの特別な理由がないかぎり、長音記号を省略するほうの表記法で固有名詞を紹介します。そのため、皆さんが知っているものと違った形で、神名や人名が紹介されることがあります。

日本の神の名前について
　本書で紹介する日本の神の名前は、基本的にカタカナで表記します。
　また、神の名前のなかでも美称に当たる部分(神、命、接頭語など)は、本文では省略して表記します。

はじめに／この本の読み方

この本の読み方

『本当は淫蕩な女神たち』は、世界各地から集めた女神たちの、淫らな物語を紹介する書籍です。

本書では、女神1柱につき、以下にあげる3つのテーマで、女神の基本的な情報と、淫らな物語を紹介します。

女神の基礎情報

1ページ目では、女神の姿をイメージしたイラストとともに、女神の来歴や能力を紹介します。物語の前に、基本的な知識を身につけましょう。

女神の淫蕩ストーリー

女神がいかに淫らだったかを紹介する、この本のメインコンテンツです。世界中の神話で語られている女神の物語を、赤裸々な切り口で紹介します。

淫蕩の真相

女神が淫らになったわけ、当時の性的価値観、物語が作られたウラ事情など、淫らな女神と物語の周辺事情についての記事を最後に配置しました。

この3つの記事によって、女神の淫らな神話を、よりわかりやすく、より深く楽しめるようにご紹介していきます。

次のページでは、この本で紹介する32組33柱の女神の一覧を発表します。

3

本書で紹介する淫蕩な女神たち

この『本当は淫蕩な女神たち』では、世界各国から32組33柱の女神たちの淫らな物語を、地域ごとに3つに分けて紹介します。

現代の先進国であり、神話の知名度も高い「ヨーロッパ」。

文字と文明の発祥の地であり、ヨーロッパ文明に多大な影響をおよぼしたことで知られる「中東・アフリカ」地域。

そして3つめは、これまでの地域に含まれなかった「アジア・アメリカ・オセアニア」地域。

地域ごとの女神と、地域の見どころを紹介します。

ヨーロッパの淫蕩な女神
Nasty goddess in Europe　　p7

ヨーロッパは現代の先進国が集まる地域です。この章にはギリシャ神話やケルト神話、北欧神話などから、近年のファンタジー作品でもおなじみの女神が多数登場します。

ギリシャ神話
- アフロディーテ ………… 8
- エオス ………… 14
- ガイア ………… 18
- セレネ ………… 22
- パシパエ ………… 26

ケルト神話
- メイヴ ………… 32
- モリガン ………… 38
- ボアーン ………… 42
- アリアンロッド ………… 46
- ブロダイウェズ ………… 50

北欧神話
- フレイヤ ………… 54

スラヴ神話
- ルサールカ ………… 60

本書で紹介する淫蕩な女神たち

中東・アフリカの淫蕩な女神
Nasty goddess in Middleeast & Africa　p65

「中東」の通称で知られる西アジア地域は、西欧文明の母体となった、文明のゆりかごです。アフリカ北西部のエジプト文明を含めたこの地域は、多くの女神と神話を生み出しました。

メソポタミア神話
- イシュタル …………… 66
- ティアマト …………… 72
- セミラミス …………… 84

ゾロアスター教
- ジャヒー ……………… 76

アナトリア神話
- キュベレ ……………… 80

エジプト神話
- ネフティス …………… 88
- ヌト …………………… 92
- ネベトヘテペト ……… 96

イスラム教
- フール ………………… 100

旧約聖書
- リリス ………………… 104

アジア・アメリカ・オセアニアの淫蕩な女神
Nasty goddess in Asia, America, Oceania　p111

この章では、我が国日本、中国、インドというアジア諸国の女神のほか、これまでの章に含まれてこなかった南北アメリカ大陸や、太平洋(オセアニア)地域の神話から、淫らな女神を紹介します。

日本神話
- アメノウズメ ………… 112
- カメヒメ ……………… 116

中国神話
- 孛星女身(はいせいにょしん) ……… 120

インド神話
- ウルヴァシー ………… 124
- シュリー ……………… 130

- スヴァーハー ………… 134
- ヤミー ………………… 138
- メーナカー …………… 142

アステカ神話
- ショチケツァル&シロネン … 146

ハワイ神話
- ハウメア ……………… 150

本当は淫蕩な女神たち 目次

はじめに……2

この本の読み方……3

本書で紹介する淫蕩な女神たち……4

ヨーロッパの淫蕩な女神……7

中東、アフリカの淫蕩な女神……65

アジア、アメリカ、オセアニアの淫蕩な女神……111

『本当は淫蕩な女神たち』淫蕩用語集……154

あとがき……157

イラストレーター紹介……158

参考資料一覧……159

Column

ギリシャの主神ゼウスは
なぜこんなに淫蕩なのか!?……30

フルオープンから禁欲へ！
古代ヨーロッパの性倫理……64

処女は価値ある存在なのか？
中東・アジアで聞いてみた！……110

ヨーロッパの淫蕩な女神

Nasty goddess in Europe

アフロディーテ

エロのことなら「寝室の女王」におまかせ！

別表記：アプロディテー
ローマ名：ウェヌス　英語名：ヴィーナス
出身神話：ギリシャ神話

Nasty goddess in Europe
ヨーロッパの淫蕩な女神

「ヴィーナスの誕生」という絵画をご存知だろうか。二枚貝の上に半裸で立っている女神（右下画像）は、愛と美の女神ヴィーナス。ヴィーナスは英語名で、本来はギリシャ語で「アフロディーテ」と呼ばれていた。

彼女は神々の世界でも指折りの美女であり、そして数え切れないほどの男性とベッドをともにした、多情で淫らな女神なのだ。

絶世の美女！
美しく豊かな金髪と、すべての男性を魅了する美貌を持つ

豊満で美白
透き通るように白い肌と、豊満な肉体を持つとされている

絵画で有名！
別名を「ヴィーナス」といい、絵画の題材によく選ばれている

魅了の腰帯
腰に巻き付けている帯には、相手の性欲をかき立てる力がある

アフロディーテは愛と美の女神であり、男女の肉体的な結びつき……つまり「セックス」の守護女神である。また、作物の実りや航海の安全を保障する女神ともみなされており、古代ギリシャで大変多くの信者を抱えていた。

彼女の腰に巻き付けられている腰帯は、相手の性欲をかきたてる魔法のアイテムである。この腰帯の力はきわめて強力で、神々はもちろんアフロディーテ自身ですら抵抗することはできない。

1483年、イタリア人画家サンドロ・ボッティチェッリが描いた「ヴィーナスの誕生」。フィレンツェ、ウフィッツィ美術館蔵。

女神の淫蕩ストーリー

アフロディーテは、ギリシャ神話で一番淫らな女神と言って間違いない。
それどころか世界の神話を見渡しても、アフロディーテほど"ただれた"性生活を送っていた女神はほとんど見あたらない。
ともに"寝た"男性は数知れず。結婚？　貞淑？　なにそれおいしいの？
その破廉恥きわまる性遍歴の、ごく一部をご覧に入れよう！

大胆不敵！
夫婦のベッドで間男と交わる

　アフロディーテは離婚経験者、いわゆる「バツイチ」の女神である。なぜ彼女は夫と離婚することになったのか？　理由は単純。彼女は結婚生活を維持できないほど淫らな女神だったからだ。

　アフロディーテの夫は、ギリシャ神話の主神ゼウスの息子、鍛冶神ヘパイストスである。彼は神々の武器をつくり出す優秀な職人だったが、片足が不自由で、外見は不細工だった。一方でアフロディーテは、イケメン大好きな"面喰い"女神である。この夫婦は最初から相性が悪かったのだ。よってふたりの破局は最初から約束されていたが、その経緯があまりにもひどかった。

　アフロディーテは夫となったヘパイストスに見向きもせず、アレスという軍神と浮気を繰り返した。アレスは粗野な性格ながらたくましい肉体を持つハンサムな神で、現代社会に例えるなら"体育会系のオラオラ系"という表現がしっくりくる。しかもこのアレス、ヘパイストスの実の兄である。

　アフロディーテは、仕事が忙しい夫の目を盗んでは、夫婦のベッドにアレスを連れ込み浮気セックスを繰り返した。妻の浮気を察知したヘパイストスは激しく怒り、策を練って妻の不貞をあばいた。夫婦のベッドに仕掛けを設置し、まぐわう妻と間男を網で絡め取って、天井から吊り下げ捕獲。その姿をすべての神々に公開し、「このような不貞な妻は願い下げだ」と、名誉ある離婚を勝ち取ったのである。

　恥ずかしい姿を目撃されたアレスはうろたえたが、アフロディーテは離婚など「どこ吹く風」とばかりに堂々と夫の屋敷を去っていった。そしてバツイチ独身の身軽な立場になり、いっそう男あさりを加速させていくのだ。

さあ！男あさりのはじまりだ！

　不名誉な形で夫から離婚をつきつけられたアフロディーテだが、彼女は少しもダメージを受けなかった。それどころか独身の立場を満喫するように、彼女はそこらじゅうの男たちを夜のお相手に選んでいく。彼女の「セフレリスト」をのぞいてみれば、目もくらむような豪華な名前ばかりだ。

　ギリシャ神話では、最高神ゼウスを頂点とする12柱の重要な神を「オリュンポス12神」と呼んで特別扱いしている。12柱のうち7柱が男性の神なのだが……アフロディーテは、7柱のうち4柱の男神と性交渉を結んでいるのだ。

　彼女とセックスしていない男神は……アフロディーテの養父である最高神ゼウス、重度のシスコンである太陽神アポロン、そして不細工で見向きもされなかった夫ヘパイストスの3柱で、いずれも「ワケアリ」でアフロディーテに選ばれなかったことがうかがえる。「ワケアリ」でなければ食べてしまうということだ。

　そしてアフロディーテは、お相手を身分で選ぶことはない。気に入るか気に入らないかがすべてである。そのため位の低い神々や、神と人間のハーフ、ただの人間など、ありとあらゆる男性がアフロディーテのベッドに連れ込まれることになる。美少年を囲うのにも熱心で、ほかの女神と美少年の所有権をめぐって対立することもあった。

　ギリシャ神話は無数の物語の集合体だが、アフロディーテが神話に登場するたびに新しい「男」が登場するといっても言い過ぎではない。そのためアフロディーテの「セフレリスト」を完成させるのは困難で、名前がはっきりしているお相手だけ数えても、人数が3ケタに届く可能性がある。

周囲の神々にも"淫ら"を振りまく

　アフロディーテがいくら男性をとっかえひっかえしたとしても、被害を受けるのは浮気相手とその妻くらいである。しかしギリシャ神話では、アフロディーテはとんでもないトラブルメーカーとして神々に恐れられている。養父である最高神ゼウスさえ、彼女の力を警戒している始末だ。

　彼女はどのようにして神界にトラブルを巻き起こすのか……その原因となるのが、8ページでも紹介した「アフロディーテの腰帯」である。この腰帯の力を使うと、目の前にいる相手は性欲が暴走し、セックスばかり考えるようになってしまう。

この腰帯がやっかいな理由はふたつある。ひとつは、性欲を暴走させる力は「腰帯そのもの」に宿っているため、アフロディーテが貸し出せば本人以外にも使えてしまうこと。そしてもうひとつは、腰帯の力が非常に強く、神々であっても暴走する性欲に抵抗することができない、ということだ。

神話では、ゼウスの正妻ヘラがこの腰帯を悪用している。そのとき地上では人間どうしの戦争が行われており、ヘラは、この戦いにゼウスが介入すると困る立場だった。そこで彼女はアフロディーテに腰帯を借り、夫を誘惑したのである。腰帯の力には最高神ゼウスも抵抗できず、ゼウスは妻の肉体に溺れて地上の戦いに介入できなかった。このように最高神の意志すらゆがめてしまうため、アフロディーテは神々に警戒されているのだ。

ちなみにこの腰帯は、持ち主であるアフロディーテにも効いてしまう。最高神ゼウスはこの腰帯をアフロディーテに使い、女神にとって不名誉である「人間男性とのセックス」に溺れるように仕向けたことがある。

アフロディーテはゼウスの狙いどおり性欲を暴走させ、人間男性のセックスに溺れたが、そもそもほかの女神たちと違って、人間男性とのセックスを「不名誉」だと考える精神構造はアフロディーテにはない。彼女に罰を与えようとしたゼウスの狙いは、完全に空振りしてしまったのだった。

ヤリたい盛りの男子など女神が手玉にとってしまう

多くの人間や神々を、その美貌で虜にしてきたアフロディーテ。当然ながら自分の美しさにはプライドを持っている。自分より美しい者など、断じて認めない。それが愛と美の女神アフロディーテの生き様である。

あるとき神界で「もっとも美しい女神は誰か」という議題があがったが、神々は判決を出さなかった。判決を出して、負けた女神に恨まれたくないからだ。男神は人間の王子パリスに判定をゆだねて逃げ出した。

名乗り出たのは神界でも一流の女神たち。みな絶世の美女であり、外見だけでは甲乙がつけがたい。そこで女神たちは、美しさとは何も関係ない、地位や勝利を差し出してパリス王子を買収工作にかかる。そこでアフロディーテが提示したのは「世界一の美女と結婚する権利」であった。そしてパリス王子は、地位や名誉に目もくれず「肉欲」に飛びついたのだ。

アフロディーテはこのようにして、若者の性欲を適確にくすぐって、愛と美の女神としての面目を保ったのである。

信者の「見栄」が、淫らな神話を生みだした!

アフロディーテは、なぜこれほどまでに淫らな女神として語られるようになったのか。その秘密は歴史のなかに隠されている。実はアフロディーテの神話は、もともとそんなに「淫ら」なものではなかったのだ!

淫蕩の真相 中東からやってきた「よそものの女神」

アフロディーテは、ギリシャ地方に住んでいた古代ギリシャ人がつくりだした女神ではなく、外国からやってきた外来の女神である。地中海東部沿岸……トルコとエジプトの中間にあり、現在は「レバノン共和国」となっているフェニキア地方が、この女神の故郷だと考えられている。

フェニキアのアフロディーテは、性愛と美の女神ではなく「大地母神」に分類される女神だった。大地母神とは……女性の「子供を産む力」と、大地の「植物や作物を実らせる力」に神秘性を感じた古代の人々が「大地には母なる力が宿っている!」と信じた結果、大地を女神として神格化したものである。

アフロディーテへの信仰は、海上交易を得意とするフェニキア人によって地中海に広がり、ギリシャ人にも受け入れられたのだった。

「大地母神」と呼ばれる女神は、女性の「産む力」を神格化した存在であるため、男女のセックスと深い関係を持っている。アフロディーテはそれ以外にも、男女の正式な結婚を祝福したり、花嫁を守護する縁結びの神という性質を持っていた。また、「娼婦」たちの守護神でもあった。

このようにアフロディーテは、もともとセックスと関係の深い女神ではあるものの、初期の神話では淫らな存在ではなかった。彼女が淫らな女神とされるようになったのは、紀元前700年前後からのことだった。

淫蕩の真相 つまらないので改変された誕生神話

古いギリシャ神話では、女神アフロディーテは「最高神ゼウスと、海神の娘ディオネのあいだに生まれた女神」だとされていた。ギリシャ人は外来の神アフロディーテに、最高神ゼウスの娘という地位を与えたのである。

しかし、アフロディーテの母親であるディオネという女神は、神話や設定など

の情報をほとんど持たない謎の神である。ディオネという名前も、神を意味する名詞「ゼウス」の女性形でしかないことから、アフロディーテをゼウスの娘にするために用意されただけの神という意見が否定できない。

アフロディーテ信仰はギリシャに根付き、多くの信者を持っているというのに、その誕生の神話がこんなに貧相では"かっこ悪い"。そこでギリシャ人は驚くべき行動に出る。神の家系図を書き換え、アフロディーテの誕生神話を、より"おもしろい"内容に作り替えてしまったのだ！

紀元前700年ごろに活躍した学者、ヘシオドスの神話解説書『神統記』に収録された新しい神話によれば、アフロディーテは、ゼウスの祖父である天空神ウラノスの"ペニス"、つまり男性器から生まれた女神だとされている。

ウラノスの息子にしてゼウスの父、農耕神クロノスは、当時の最高神だったウラノスに反乱を起こし、愛用の鎌でウラノスのペニスを切断した。ペニスは海に投げ捨てられ、海面に浮かんで白い泡を立てた。この白い泡のなかから、アフロディーテが生まれ出たとされている。

この印象的な神話は、アフロディーテの名前が、古代ギリシャ語で泡を意味する「アプロス」という単語に似ていることから連想し、伝統とは関係のない完全な創作として作られたものだと考えられている。

こうして、男女の交わりではなくペニスと泡から生まれたアフロディーテは、神々しく近寄りがたい美しさを持つ他の女神とは違い、男性を誘惑し魅了する女神として描かれるようになった。「淫らな女神」への変化が始まったのだ。

淫蕩の真相 次々と生み出された淫らな神話

この神話が生まれた時期と前後して、ギリシャではアフロディーテがさまざまな男たちと浮気をする神話が大量に作られた。神話は演劇の脚本となって劇団に演じられ、ギリシャの人々は、神々や英雄と女神のラブロマンスに釘付けになった。

また、古代ギリシャやその周辺地域では、有力者が「自分の一族は神（女神）の血を引いている」とアピールする文化があった。彼らの一部は、アフロディーテが自分たちの一族の祖先だとPRするため、アフロディーテと人間男性が恋に落ち、子供を生むという内容の神話を作って広めた。

こうしてアフロディーテは、新しい神話が作られるたびに新しい男と浮気をすることになり、淫らなイメージをさらに加速させていくことになった。

アフロディーテの淫らさは、ギリシャにおけるアフロディーテ人気が、暴走しすぎた結果だったのだ。

日の出の女神は尻軽女神
エオス

英字表記：Eos
出典：ギリシャ神話

夜明けの時、地平線から太陽が昇ると、空は青ではなく真っ赤に染まる。この現象や、日の出の時間のことを、日本では「暁」と呼び、古代ギリシャでは「エオス」と呼んでいた。

古代ギリシャにおいて「エオス」とは、暁を意味する言葉であると同時に、暁を作り出す女神の名前でもある。

暁の翼
エオスの背中には、暁の色に染まった翼が生えている

黄金の冠
エオスのかぶる黄金の冠は、暗い夜を明るく照らし出すという

サフラン色のローブ
暁の空のような「サフラン色」に染まったローブを身につけている

雪のようなまぶた、バラ色の指
エオスの美しい容貌を、古代ギリシャ人はこのように表現した

古代ギリシャの神話には、複数の太陽神がいる。もっとも有名だったのはヘリオスという男性の神だ。エオスはその妹であり、日の出とともに東の空にあらわれて、一日の最初の光を世界に浴びせかける女神である。

エオスの装備品は神話ごとに異なるが、どれも天空と朝焼けの空に関係するものだ。手には植物に朝露を吹きかける水瓶か、光をもたらす松明を持っている。そしてペガサスまたは二頭引きの戦車に乗って朝の空にあらわれるという。

暁の翼を生やし、朝露の水瓶を持ったエオス。1895年、イギリス人画家、イーヴリン・ド・モーガン画。アメリカ、コロンバス美術館蔵。

女神の淫蕩ストーリー

　エオスはとてつもない浮気者の女神である。いい男を見つければ、相手の身分にかかわらず夢中になるのだ。だが、彼女に見初められた男たちは、たいていの場合不幸な形で破滅をむかえる。エオスは、男性にとってはた迷惑な「さげまん」女神でもあるのだ。

 不死身になるなら「不老」の手配も忘れずに！

　エオスの「さげまん」の最初の被害者は、人間の王子ティトノスである。
　ティトノスは大変な美男子だったので、彼に一目惚れしたエオスは、彼を誘拐してアフリカの東の果てにあるエチオピアに連れていった。エオスは毎晩のようにティトノスと交わり、夜明けの時間になるとベッドから出て空に上がった。古代ギリシャで太陽が東から昇るのは、エオスの愛の巣が置かれているエチオピアが、ギリシャよりも東にあるからだという。
　ここまでならば、神話によくある略奪愛の物語だが、ここからの話はまさに悲劇である。エオスはティトノスを愛するあまり、神々に依頼して、ティトノスに不死の力を与えてもらった。ところがこのとき、エオスはティトノスに不死と一緒に「不老」の力を与えることを忘れてしまったのだ。
　人間の宿命にしたがい、ティトノスの肉体はどんどん老いていく。エオスは、ティトノスの肉体が腐らないように、彼に神々の食べ物を与えたが効果がない。しまいにはティトノスは「痴呆」の症状を発症してしまい、ここに来てエオスはティトノスを見捨ててしまった。彼女はティトノスを閉ざされた部屋に幽閉し、二度と会うことはなかったという。のちに神々は、ティトノスの境遇をあわれみ、彼をセミの姿に変えたとされている。

 卑劣千万！新婚カップルを誘拐のうえ離間工作！

　夫ティトノスの老化により、心を痛めたエオス。では彼女は、どこに癒しを求めたのか。男によって受けた傷は、男にしか癒せないのである。そう、彼女は性懲りもなく、別の男に溺れ始めるのである。

次のターゲットはケパロスという人間の王子だった。エオスは彼を問答無用で中東のシリアへ誘拐してしまった。だが、彼にはティトノスとは違う事情があった。実はこのケパロス、新婚ホヤホヤの新郎だったのだ。

　エオスがいかに美しいと言っても、愛する妻と引き離されて、よい気分になれるわけがない。ケパロスは女神エオスの愛を拒絶して、新妻プロクリスのことばかり想っていた。エオスもそれを見て反省するなり、ケパロスを妻のもとに戻してやればいいのに……彼女はなんとしてもケパロスを自分に振り向かせるべく、醜い策をめぐらせはじめる。エオスはケパロスに、「君の新妻プロクリスは、夫がいなければ別の男になびく女だ」とささやく。そして、信じようとしないケパロスに、妻の貞淑(ていしゅく)さを試してみればいいと吹き込んだのだ。

　女神にそそのかされたケパロスは、正体がばれないように変装して、エオスから預かった大量の宝石を差し出して、妻を誘惑しようと試みる。新妻プロクリスは、最初は変装した間男（に変装したケパロス）をはねつけていたが、彼の持ってきた宝石があまりに魅力的すぎたため、プロクリスは間男のことを受け入れてしまう。自分を裏切った妻にケパロスは激怒し、彼女を自分の家から追い出してしまった。エオスは目論見どおり、愛するケパロスの目を、彼の妻プロクリスから引きはがしたのだ。

　もっとも、悪事の成功は続かないもの。追放されたプロクリスを哀れんだ狩りの女神アルテミスは、プロクリスが逆に夫の誠実さを試せるように協力した。案の定ケパロスは、すばらしい武器とみごとな猟犬に目がくらんでしまう。妻への仕打ちが間違っていたことを理解した彼は、妻と仲直りした。こうしてエオスは、またしても愛する男を失うことになったのである。

完全敗北！女神エオスのフラレ話

　このように人間の男性ばかりに執着し、自分のホームに誘拐して、ほぼ強制的に愛をはぐくむ、というのが、エオスの典型的な行動パターンである。

　エオスに見初められた男性のなかで日本人にもよく知られているのは、冬の星座「オリオン座」でおなじみの狩人オリオンである。オリオンはプレイボーイであり、エオスは彼にドハマりしてデロス島という島に誘拐していった。ところがオリオンは、女神に飼われて大人しくなるタマではなかった。彼は島を通りかかった処女神アルテミスを口説き落とし、エオスを捨ててしまったのである。誘拐を繰り返したエオスの手痛い敗北であった。

男あさりの原因は女神の呪いだった！

　ここまで紹介してきたように、どうしようもない男狂いとして描かれているエオスという女神。だが彼女の性癖は、生まれつきのものではない。これはエオスが、とある女神の逆鱗に触れてしまったために科せられた、強力な呪いによるものなのだ。

淫蕩の真相　愛の女神に色恋沙汰で喧嘩を売る

　エオスが敵に回してしまった女神とは？　それは8ページで紹介した、愛と美の女神アフロディーテである。

　9ページでも紹介したとおり、アフロディーテはギリシャ神話の軍神アレスと不倫関係にあった。アフロディーテは浮気性な女神だが、お相手のアレスも多情さでは負けていない。彼は美しい女神エオスのこともモノにしたいと考え、アフロディーテに隠れてエオスを口説き、追いかけ回すようになったのだ。

　アレスの熱烈なアプローチに、エオスがどう対応したのかは神話ごとに異なる。アレスを受け入れて交わったという物語もあれば、ひたすら逃げ回っただけだという神話もある。

　だが、エオスがアレスを受け入れようが受け入れなかろうが、アフロディーテにとっては関係がない。彼女にとっては「自分という美の女神の寵愛を受けている男に、色目を使わせた」ことそのものが、許し難い罪なのだ。
（ギリシャでは、自分の結婚相手が浮気したとき、結婚相手本人よりも浮気相手を罰する傾向が強い。主神ゼウスが無理やりレイプした罪なき女性に、ゼウスの正妻ヘラが罰を与える物語は、ギリシャ神話のお約束である）

　そのためエオスはアフロディーテの怒りを買い、その身に呪いを浴びることになった。それは「エオスは神々よりも人間を愛する」ようになるという、なんとも愛の女神らしいもの。

　だが神々と人間には寿命の違いがあるうえ、人間が美しさを保つ期間はとても短い。この呪いによりエオスは、人間の男性に夢中になって愛を交わすが、衰えていく男性の容貌に苦しみ、さらに数十年で死別するという苦しみを、永遠に味わい続けるのである。

悪い子ペニスはちょんぎるぞ！

ガイア

英字表記：Gaia
出典：ギリシャ神話

大地とは、植物を芽吹かせ、動物たちに糧を与える、万物の母のような存在だ。そのため世界の神話において、大地が神格化されるときは、母性の強い女神の形をとることが多い。

ギリシャ神話においては、ガイアという女神がこれにあたる。ただしガイアは大地だけでなく、天空まで含めた「世界そのもの」の女神である。

ヨーロッパの淫蕩な女神 / Nasty goddess in Europe

体格
ガイアの彫刻や絵画は、豊満な女性の姿をとることが多い

神々の母
ギリシャ神話の神々のほとんどが、ガイアの子、孫、ひ孫である

単性生殖
ガイアは男神の力に頼らなくても、単独で子供を産むことができる

強い母性
彼女は自分が産んだ子供とその子孫を愛し、害する者に敵対する

ギリシャ神話の大地母神ガイアは、神話世界の創世にかかわった原初の神である。

世界に原初の混沌カオスだけがあった時代、ガイアは数柱の神々と一緒にカオスから生まれ出た。そしてガイアは、自分だけの力で男性の天空神ウラノスを産み、ウラノスを夫として無数の神々を産んだとされている。

神話におけるガイアは隠居の身であり、神話の表舞台にはめったに出てこない。もし彼女が表舞台に出れば、世界を揺るがす大事件が発生する。

ガイアと、愛の神エロス。1875年、ドイツ人画家アンゼルム・フォイエルバッハの作品。ウィーン美術アカデミー蔵。

18

女神の淫蕩ストーリー

ギリシャ神話の世界では、神々が勢力を二分して争った大戦争が2度起きている。「ティタノマキア」と「ギガントマキア」である。

この戦争はどちらもガイアが引き起こしたものだ。ガイアは、自分が産んだ子供が不当に虐待されていると感じると、最強の武器、女性器と子宮を使って抵抗する！ つまり「ヤって産む」ことが最大の武器なのだ！

大地の女神は一妻多夫！
産んで産んで産みまくる

大地母神ガイアの神話は、彼女が産んだ神々の記述で埋まっている。

まずは冒頭でも説明した、のちにガイアの夫となった天空神ウラノス、冥界神タルタロス、海神ポントス。そして世界の山々もガイアの子である。

夫であるウラノスとのあいだには、「ティタン神族」という6柱の神々、一眼巨人キュクロプスたち、百腕巨人ヘカトンケイル三兄弟を産んでいる。

そして、ガイアのお相手は夫のウラノスだけではない。息子である海の神ポントスとのあいだにも、無数の海の神々を産んでいるし、同じく息子の冥界神タルタロスとのあいだには怪物エキドナを産んでいる。ガイアは一夫多妻ならぬ一妻多夫の逆ハーレムの主だったのだ。

また、ガイアのひ孫にあたる鍛冶神ヘパイストスが精液を漏らして大地にこぼしたときは、そこからエリクトニオスと言う人間を産んだ。そう、ギリシャにおいて大地とはガイアの肉体そのものであり、大地から産まれるものは、すべてガイアの子なのである。

ダメ旦那のペニスをちょん切れ！
ガイア主導のクーデター

ふだんは神話の表舞台に出てこないガイアが活躍するのは、ガイアの子孫が不当に虐げられたときである。そうすると彼女は怒り、加害者に対して苛烈な反撃を試みるのだ。

ガイアの怒りを最初に浴びることになったのは、ガイアにもっとも近い男、彼女の夫である天空神ウラノスだった。

ウラノスは、自分がガイアに産ませた子供たちのうち、眼がひとつしかないキュクロプスや、腕が100本あるヘカトンケイルを「外見が醜い」といって嫌い、ガイアの胎内に押し込んでしまったのだ。

　自分が腹を痛めて産んだ子供に、実の父親とはいえこれほどひどい仕打ちをされれば百年の恋も冷めようというもの。ガイアはウラノスへの復讐を決意し、実の子であるティタン神族に、アダマスという特殊な金属でできた鎌を渡す。ウラノスがガイアと交わるためにベッドにやってきたとき、ティタン神族のリーダーであるクロノスがあらわれた。彼は母から授かった鎌で、母の命令どおり、ウラノスのペニスをずんばらりと切り落としたのである。

　こうしてウラノスは神界で地位を失い、ウラノスを倒した農耕神クロノスが最高神となった。そして彼の手引きをしたのは、他ならぬウラノスの妻、ガイアである。自分の子供を害する者は、それが夫であれ自分の子であれ容赦しないのがガイアなのだ。

ガイアの怒りは止められるのか？
神界を揺るがした2つの大戦

　夫ウラノスの次にガイアの怒りを買ったのは、ウラノスの男根切断の実行者であるガイアの息子、クロノスだった。彼はウラノスから「自分の息子に王位を奪われる」と予言されたことを恐れ、自分の妻レアが産んだ子供たちを丸呑みにして、外に出さないようにしていた。ガイアにとっては、またも「自分の子孫が不当な扱いを受けている」状況である。

　クロノスの子のひとりゼウスが、父の目を盗んで難を逃れ、クロノスに反旗を翻すと、ガイアはゼウス全力支援を決断。この大戦争「ティタノマキア」の結果、ゼウスがあらたな神界の王となったのだ。

　ゼウスはこの戦いのあと、クロノスたちを地下世界タルタロスに幽閉して自由を奪ったのだが……ガイアはこの処遇も納得がいかない。ゼウスに味方したのはあなたじゃないかと突っ込みたくもなるのだが、ガイアにとってはとにかく「自分の子孫がひどい仕打ちを受けている」ことが許せないのだ。

　ガイアは自分の息子であるギガス族に命じて、クロノスたちの解放をかけてゼウスに戦いを挑む。二度目の大戦「ギガントマキア」である。ギガスたちがゼウスに敗れると、ガイアは最強の怪物「テュポン」を産みだして最後の戦いに挑む。このテュポンがゼウスに退けられると、ガイアはようやく敗北を認め、以降はおとなしくなったという。

ゼウス支配の正当性をガイアの敗北で表現した

今回紹介した神話において、ガイアは「頑固で物わかりの悪い邪魔者」であり、「母親の権利を振りかざす者」として描かれている。

彼女がこのように描かれるようになった背景には、ゼウス中心の神話体系をつくりあげようとする聖職者たちの思惑があった。

淫蕩の真相 ガイアの母系社会からゼウスの父系社会へ

もともとギリシャには多くの神がいて、独自に信仰を集めていた。だが現在残されているギリシャ神話の物語のほとんどは、雷神ゼウスを神々の最高位者として崇める者たちが作ったものだ。

それを踏まえて18ページの世界創造神話を読んでみると、世界のはじまりに存在した多数の神々、例えば原初の混沌カオス、ガイアの夫である天空神ウラノスなどは、古代ギリシャにおいて信仰の対象となっていた形跡がほとんどない。一方で大地母神ガイアへの信仰の痕跡は多数残っている。つまり、カオスやウラノスなどの神々は、ゼウス信者たちが世界の創造を説明するために作り出した架空の神である可能性が高い。

こういった名前だけの神々を排除して神話を見てみると、ギリシャ神話の世界創造のメインテーマは、ゼウスとガイアの関係が中心になっていることがわかる。ではこのふたりの違いは何なのだろうか？

古代の人間社会の構造には、大きく分けてふたつの種類がある。男性が権力を持ち、その子供たちが一族としてまとまる「父系社会（家父長制）」と、同じ女性から産まれた子供たちが一族としてまとまる「母系社会」である。

神話の初期、絶対的な母性として世界に君臨するガイアは、母系社会を代表する存在だといえる。一方で、多くの妻や愛人を持ち、腹違いの子供や孫たちを支配下に置くゼウスの神界は、家父長制の父系社会そのものだ。

かつて古代ギリシャにも父系社会と母系社会の両方があったが、神々のすみか「オリュンポス山」で家父長制を敷くゼウス信仰が広まるにつれて、少しずつ父系社会に一本化されていったと思われる。世界創造の神話は、当時の世相をもとに構築されているのだ。

眠らせて犯す「睡眠姦マスター」！
セレネ

英字表記：Selene
出典：ギリシャ神話

セレネは、ギリシャ神話の月の女神だ。彼女は神々のあいだでも評判になるほどの絶世の美女であり、多くの男性から求愛されている。

だが彼女の心を捕らえて離さないのは偉大な神々ではない。彼女が愛しているのはただひとり、エンデュミオンという人間の青年である。だが彼女の愛し方は、ちょっとどころではなく変わっているのだ。

ヨーロッパの淫蕩な女神
Nasty goddess in Europe

頭飾り
輝く黄金の冠を身につけ、額に月形の飾りをつけている

翼を持つ？
一部には、背中に広い翼を持つと説明している文献もある

装備
三日月形の弓と、柔らかな月光を放つ矢を装備している

乗り物
セレネは毎日夜になると、銀の馬車に乗って夜空を駆けるという

月の女神セレネは、夜空の監視者である。兄である太陽神ヘリオスが一日の仕事を終えると、セレネは黄金の戦車、または銀の馬車で天に昇る。そして夜の世界を監視し、旅人を見守り、夜闇にまぎれて悪事を働く者を罰するのだ。

後世になると、狩りの処女神アルテミスが「月の女神」の性質を手に入れたことにともない、アルテミスとの混同が進んだ。今回の記事で紹介するセレネの恋人も、アルテミスの恋人だと紹介されることがある。

黄金の戦車に乗って天を駆けるセレネ。17世紀イタリアの学者ジョヴァンニ・バティスタ・フェラーリの神話紹介書「Flora, seu, De florum cultura lib. IV. Editio Nova」の挿絵より。

女神の淫蕩ストーリー

　月の女神セレネは、アフロディーテ（➡p8）やエオス（➡p14）のように、複数の男たちと取っ替え引っ替え交わったわけではない。むしろ彼女は、たったひとりの男性を愛し続けた一途な女性である。

　それなのに彼女を「淫蕩な女神」として紹介する理由は、彼女が「眠っている恋人と交わり続ける」という、他に例を見ないことをしているからだ。

 ## 多くの男たちに目をつけられた美貌

　セレネは神々のなかでも評判の、絶世の美女だった。その美貌に夢中になった男たちは数知れず。まずは最高神ゼウスが彼女のことを見初めて、いつもどおり強引に交わり、3人の娘を産ませている。

　また、森の精霊であり、性欲が強いことで有名な種族「パーン」たちも、セレネの美しい肢体をむさぼろうと策をめぐらせた。彼らは白い羊の姿に化けてセレネをだまし、彼女を森のなかに連れ込んで事に及んだのである。

　このように多くの男たちから情欲の目で見られていたセレネだが、彼女自身が愛の対象としたのはただひとりだった。それは神々の血を引く美青年、エンデュミオンである。

 ## 永遠の若さを愛でるためイケメン男子を眠らせる！

　エンデュミオンの神話は、伝承地によって内容が微妙に異なる。ある伝説では、エンデュミオンはある地方の王だった。別の伝承では王子であった。どちらにしても彼はギリシャの地方王族の一員であり、大変な美形であり、最高神ゼウスの子孫にあたる高貴な存在であった。

　あるとき、エンデュミオンは近所の山で狩りをしていたが、獣を追うのに疲れたので、近くにあった岩屋でひと休みするつもりが、疲労のあまりそのまま眠ってしまった。

　セレネは月の女神であると同時に、世界で起きていることを空から見守っている夜の監視者でもある。そんな彼女が、岩屋で眠り込むエンデュミオンの美しい

寝顔に目を止めるのは、もはや必然だったといえるだろう。セレネはさっそく地上に降り立つと、美しい寝顔で眠り続けるエンデュミオンに一目惚れしてしまった。そして安らかに眠る彼に、こっそりキスをしたのである。

ファーストコンタクトからして寝ている相手に無断でやるのだから、次の展開も予想できようというもの。はじめは彼の美しい寝顔を見てキスをするだけで満足していたセレネだが、そのうち神と人間の決定的な違いに気付いてしまう。そう、エンデュミオンは人間であり、寿命と老いを宿命づけられた存在だ。つまり今は女神すら夢中にしてしまうエンデュミオンの美しさは、年とともに衰えて失われてしまうわけだ。

その想像に耐えきれなくなったセレネは、最高神ゼウスに、エンデュミオンに永遠の生命と若さを与えるよう願い出る。寿命だけでなく若さも願ったあたり、暁の女神エオスと違ってセレネは賢明だった。だが、代償無しで永遠の生命と若さを与えることは許されなかった。ゼウスは「エンデュミオンが永遠に眠り続ける」ことを条件に、セレネの願いを受け入れた。

以来、エンデュミオンは永遠に若く美しいまま岩屋で眠り続けている。そしてセレネは毎晩彼のもとにやってきて、彼の寝顔をじっと見つめているのだという。そしてセレネはエンデュミオンとのあいだに50人の娘を産んだ。娘たちはメーネと呼ばれ、暦の女神として世界の管理にたずさわっている。

実はドロドロ？
エンデュミオン神話の裏側

ここまで読めば、実に美しい恋愛話のように思えるこの神話だが、ひとつ大きな疑問点がある。神話には、エンデュミオンが永遠の眠りに同意したとか、セレネの愛を受け入れると決めたとか、そういう記述が見られないのである。もしセレネがこれらの行為を無断でやったとすれば、エンデュミオンは自分の人生も家族もいつのまにか奪われ、そのうえ勝手に子種まで奪われてしまったわけで、よい迷惑というほかない。

ちなみにエンデュミオンが眠りについた理由については、まったく別の神話も残されている。彼はセレネの愛を受け入れて神々の一員に加えられたのだが、そのとき分不相応にも、最高神ゼウスの正妻である女神ヘラに夢中になり、彼女と一夜の愛を求めたのだという。普段はよその人妻を寝取りまくっているゼウスだが、自分の妻を寝取られそうになれば激怒する。ゼウスはエンデュミオンへの罰として、彼を永遠に眠らせたのだという。

娘を50人も産んだのは暦が50ヶ月区切りだったから!

セレネはなぜ、50人もの娘たちを睡眠姦で身ごもることになったのか?
それは、古代ギリシャの暦が月の運行をもとに決められており、50ヶ月を一区切りとするルールがあったからだ。彼女は世界の仕組みを説明するために、淫らな女神とされてしまった可能性が高い。

淫蕩の真相 オリンピックは50ヶ月に一度!

現代では、太陽の運行で一年の長さを計る「太陽暦」が使われている。

一方で古代ギリシャでは、一年の長さを決めるために「太陰暦」というシステムを採用していた。これは、月が完全に欠けた「新月」から、月が満ちて「満月」になり、ふたたび欠けきった「新月」になるまでを1ヶ月とし、1ヶ月を12回繰り返すことで1年とするルールである。

ところで、月の満ち欠けを12回繰り返すと、そのあいだに過ぎる日数は、現代の暦にして354.3671日となる。現代の1年は365.2422日だから、およそ11日ほど短いということになる。そのため太陰暦で年の長さを測ると、新年が来るのが毎年11日ずつ早くなり、しまいには冬の入り口だったはずの1月1日が、真夏の季節に来ることになってしまう。

そこで太陰暦では、数年に一度「うるう月」として13番目の月を挿入することで、季節と暦のズレが起きないように調整するのだ。

古代ギリシャの場合、8年間を1サイクルと考える。前半の4年間ではうるう月を1回挿入するので、4年間が49ヶ月となる。そして後半の4年間ではうるう月を2回挿入し、4年間が50ヶ月となるのだ。ちなみに古代ギリシャでは4年に一度オリンピックが開催されるため、この49ヶ月または50ヶ月の期間のことを「オリンピアード」と呼んでいた。

セレネとエンデュミオンの睡眠姦神話は多くの文献に記録されているが、実は、セレネがこの睡眠姦で50人の子供を産んだと明言している文献は、2世紀の地理学者パウサニアスの旅行記『ギリシャ案内記』など少数にとどまる。つまりこれはセレネ本来の神話ではなく、オリンピアードの50ヶ月から連想して、後世の人間が付け加えた可能性が高いと思われる。

愛する牡牛とヤるために

パシパエ

英字表記：Pasiphae
出典：ギリシャ神話

ギリシャ神話には自由奔放な性の物語が多数あり、同性愛、拉致強姦、輪姦、睡眠姦などの特殊性癖がイキイキと語られているのが特徴である。

このパシパエにまつわる神話はそのなかでも異常性が際立っている。彼女の性癖は「獣姦」。しかも小型の動物ではなく、体格で人間をはるかに上回る「牛」と、人間の姿のまま性交渉におよんだのである。

ヨーロッパの淫蕩な女神
Nasty goddess in Europe

魔術
すぐれた魔術の才能を持ち、その力は魔女の女神キルケに匹敵する

神の血筋
太陽神ヘリオスと、海神の娘であるペルセイスのあいだに産まれた

多産
夫のミノス王とのあいだに多くの子供を産んだ母親である

獣姦
雄牛に欲情して、なんとか雄牛と交わろうと画策した

パシパエは、ギリシャの南に浮かぶクレタ島の王妃だが、太陽神ヘリオスと海の女神ペルセイスの娘でもあるため、女神と呼んでさしつかえない血筋をもっている。

ギリシャ神話の神々は、不死にして不老の肉体を持っている。パシパエが不老不死だったかどうかは神話には記されていないが、人間の枠を超えた能力は持っていた。彼女はギリシャ神話世界のなかでも屈指の魔術の使い手であり、その腕前は魔女の女神に匹敵したという。

名匠ダイダロスから木製の雌牛を受け取るパシパエ。イタリアの古代都市ポンペイから発掘された壁画より。

女神の淫蕩ストーリー

　パシパエは、人間でも神でもなく、牡牛に恋をしてしまったことで知られている、異常性癖者だらけのギリシャ神話でも希有な女性である。

　しかも彼女は、ただ牛を愛するだけにとどまらず、牛との異種姦セックスを敢行し、みごとに成功！　さらには牛の子供を妊娠して半牛半人の子供まで産んでしまったのだ。

 生け贄の牛をケチって呪いをかけられる

　パシパエはなぜ牛に欲情することになったのか？　本人の名誉のために釘をさしておくと、彼女は生まれつき特殊性癖の持ち主だったわけではない。彼女の獣姦願望は、神の呪いだったのである。

　パシパエの夫であるクレタ島の支配者ミノス王は、自分の兄弟との王位継承争いに勝利するため、海の神ポセイドンに支援を要請したことがあった。

「私はお前の祈りに応えて、海から雪のように白い毛並みの牡牛を遣わす。そうすれば、王国がそなたに授けられたという証になるだろう。対価として、海からあらわれた牡牛を生け贄に捧げよ」

　そうポセイドンが宣言すると、本当に海から白い牛があらわれる。それを見たクレタ島の人々は、ミノスに神の加護があることを理解し、ほかの兄弟ではなくミノスこそが自分たちの王だと認めたのだ。

　ところがその牛はなんとも立派な牛だったため、ミノス王はこの牛を殺すのが惜しくなり、生け贄にせずに自分のものにしてしまった。そして姿形が似ている別の牛を生け贄にしてごまかしたのである。

　ギリシャ神話において、神の悪口を言ったり、神との約束を破るのは、最大のタブーである。例外なく神は怒り、相手に強烈な罰を与えるからだ。もちろんポセイドンは怒り、ミノスの妻パシパエに呪いをかけた。パシパエは呪いにより、この白い牡牛に恋をしてしまったのだ。

　別の伝承では、パシパエに呪いをかけたのは愛と美の女神アフロディーテ（➡p8）である。その理由はパシパエが彼女を軽んじたからだとも、パシパエの父ヘリオスが彼女とアレスの浮気を暴露した復讐だともいわれる。

恋人が牛なら自分も牛になればいいじゃない！

　白い牡牛に恋して欲情したパシパエは、愛しの恋人（牛だが）とセックスしたくてたまらなくなった。しかし人間の体は、牛とセックスできるようには作られていない。なんとか愛しの君の男根を受け入れることはできないものか。人として絶対に発揮してはいけない情熱を存分に発揮して、パシパエはひらめいた。そう、相手が牛なら、自分も牛になればよいのだ。

　彼女は「イカロスの翼」を作ったことで有名な名匠ダイダロスに依頼して、雌牛の精巧なハリボテを作らせた。そしてハリボテの中にもぐりこみ、雌牛の女性器の位置に空いた穴に、自分の女性器をぴったりと合わせ、期待に胸を躍らせ、体を火照らせながら待つことしばらく……愛しの牡牛はパシパエの狙いどおり、ハリボテの雌牛に欲情し、雌牛を犯すつもりで男根を挿入した。その男根はハリボテの穴を通過し、みごとパシパエの女性器を貫いたのだ。

　まったくの余談だが、成牛のペニスは総重量1kgにもなる巨大なものだ。常人がそんなものを受け入れたら無事では済みそうにないが、そこは不老不死の神々の血を引くパシパエである。愛しの君との情事を存分に楽しんだあと、あろうことか彼女は妊娠までしてしまう。こうして産まれたのが、頭が牡牛で首から下がたくましい人間という怪物、ミノタウロスである。

 ## 寝取り女には魔女嫁の死の制裁を！

　パシパエについては、牡牛とは一切関係のない神話も残されている。

　彼女の夫ミノス王は大変な女好きで、正妻であるパシパエを何度も妊娠させるのはいいのだが、妻以外にも多くの女性と性的関係を持っていた。

　もちろん正妻であるパシパエにとってはおもしろくない事態である。そこで彼女はミノス王が別の女と浮気しないように対策を練ることにした。実は彼女、魔女の女神キルケに匹敵するほどの魔術の達人なのである。

　昔話の魔女よろしく、薬草を大鍋で煮込み、パシパエは夫に魔術をかけた。ミノス王がパシパエ以外の女性を抱こうとすると、ミノス王の体から猛獣、あるいは蛇やムカデ、サソリなどが飛び出して、相手の女性を喰い殺してしまうのだ！

　この魔法によってミノス王の愛人たちは、ほとんどが殺されてしまったという。魔女を怒らせてはいけないのである。

 クレタ島の牡牛信仰が牛に欲情する神話となった

「牛に欲情した王妃」というのは、個性的なエピソードが多いギリシャ神話のなかでも特にインパクトの強いものだ。なぜこのような独創的な神話が産まれたのか……その背景には、パシパエたちが住んでいたクレタ島が、もともとギリシャとは少し違う文化を持っていたという事実がある。

淫蕩の真相 古代ミノア文明の残滓が生んだ物語

　クレタ島は、ギリシャ本土の最南端から、海を挟んで南に100kmほど離れた位置にある。ギリシャ本土から海で隔てられたクレタ島には、ギリシャ本土とは異なる独自の文明が発達していた。紀元前2000年～前1600年ごろに栄えたこの文明は、ミノア文明と呼ばれている。

　ミノア文明の特徴のひとつが、彼らが「牛」を信仰の対象としていたことだ。クレタ島各地で発見されている宮殿の遺跡からは、「聖別の角」と呼ばれる牛の角のアクセサリーが見つかっている。また、クレタ島の遺跡からしばしば発掘される、小さな両刃の斧「ラブリュス」は、牛の角をかたどったものだと考えられている。

　このような経緯から、ギリシャ本土に住む人々にとって、クレタ島といえば"牛"であった。そのため、クレタ島に関するギリシャ神話では、その多くにおいて牛が重要な役割を果たす。代表的なものが、ゼウスに見初められたせいでゼウスの正妻ヘラに逆恨みされ、呪いで牛に変えられた女性「イオ」の神話である。彼女はヘラが送り込んだ害虫のアブから逃げるために、地中海と黒海をつなぐ「ボスポラス海峡」を牛の姿のまま泳いで渡り、クレタ島にたどりついた。イオは牛の姿のままこの地で子供を産み落とし、その「牛の子」が王となってクレタ島に文明を築いたという。

　19世紀イギリスの古典学者A・B・クックやJ・J・フレイザーは、パシパエと牡牛の性交は、クレタ島で行われていた、牡牛にまつわる神聖な儀式をモチーフに作られたものだと考えている。

　つまり、ギリシャ本土の人々にとって理解しがたい異教の風習が、パシパエの淫らな神話を生んだということになるだろう。

特別コラム ギリシャの主神ゼウスはなぜこんなに淫蕩なのか!?

本書ではここまで、ギリシャ神話から、5柱の淫蕩な女神を紹介してきた。だがギリシャ神話において、もっとも淫蕩な性質を持つ存在は、女神ではない。古代ギリシャ人が崇拝したギリシャの最高神、雷神ゼウスこそが、ギリシャにおける淫蕩の権化である。

ギリシャ神話の主神　ゼウス

ギリシャ神話において、神々の頂点に立ち、世界を支配する神。最強の戦闘能力を持ち、あらゆる敵対者を退けてこの地位についた。

最大の欠点は「美女に目がない」ことである。ヘラという正妻がいるにもかかわらず、相手が人妻だろうが王妃だろうが少女だろうがおかまいなしに手を出す。しかも美しければ性別すら気にしない、つまり美少年にも目がないのである。

以下にゼウスが見初めた女性たちと、テクニカルすぎる不倫の手口をあげてみよう。なお、この表は全体のなかでもごくごく一部であり、ほかにも数え切れないほどの女性を手籠めにしたことを、特に記しておきたい。

ゼウスの不倫相手と手練手管

お相手の女神	不倫の手口
王女エウロペ	人なつっこい牛に変身して接近。彼女が背中に乗ったところで走り出して誘拐し、犯した
王妃レダ	白鳥に変身し、鷹に追われる演技をした。哀れんだレダが白鳥(ゼウス)を抱き留めたところで強姦
王女ダナエ	男が近づけないよう塔に幽閉されていたので、ゼウスは「黄金の雨」に変身して侵入し、ダナエと交わった
人妻アルクメネ	彼女の夫が外出中に、夫に変身して性交した
美女セメレ	無理やり犯さず「合意のもと」不倫した数少ない女性
ガニュメデス	絶世の美少年。地上から誘拐して給仕役を務めさせた

特別コラム　ギリシャの主神ゼウスはなぜこんなに淫蕩なのか!?

理由1　宗教統合のための好色神話

　ゼウスはなぜ女性に目がないのか？　その理由はおおまかに分けて2つある。ひとつは「宗教統合」、もうひとつは「人間の見栄」である。

　まずは「宗教統合」について説明していこう。

　古代ギリシャにはさまざまな民族が住んでおり、それぞれ違った神々を信仰していた。だが、北方からゼウスを主神としてあがめる民族が南下してきて、彼らがギリシャ諸地方の最大勢力におさまった。

　最大勢力となったゼウス信者たちは、その他の民族を統治するために、宗教の統合に乗り出す。諸民族がバラバラに信仰していた神々を、「ゼウスの弟」「ゼウスの息子」「ゼウスの妻」のように、主神ゼウスの家族という地位を与えることによって、ゼウス信仰のなかに取り込んだ。

　このため各地方の女神たちが「ゼウスの愛人」の地位を手に入れ、ゼウスがいかに女神を籠絡したかという神話が語られるようになったのだ。

理由2　人間の見栄を満たすための好色神話

　次に「人間の見栄」について説明していこう。

　古代ギリシャの社会では「氏族（ゲノス）」という集団が非常に重視される。氏族とは、ひとりの男性を祖先とする血族である。

　同じような文化は古代の日本にもある。武士の姓として有名な「源氏」「平氏」などの名字は、「天皇の息子だったが、皇族をやめて貴族になり、"源（あるいは平）"の姓をもらった人物」の子孫であることを示すものだ。

　このように、氏族は「氏族の祖先となった人物」の名誉を非常に重んじる。日本では天皇家の血筋をアピールしたが、古代ギリシャでは、多くの氏族が「自分の氏族の祖先は、大神ゼウスの血を引いている」とアピールした。そして、祖先の母親がいかにゼウスに見初められ、祖先たる男児を身ごもったか、という神話を作らせて、おおいに宣伝したのである。

　ギリシャ中の有力な氏族が、かたっぱしから「俺の先祖はゼウスの息子」だと主張したため、各氏族によってゼウスの浮気話が量産された。その結果ゼウスには、正妻がいるのに人間の美女と手当たり次第に浮気しまくる、女性にだらしない男というイメージがついてしまったのである。

　ゼウスは、はじめから性的にだらしない神だったわけではない。人間の都合によって、助平な神ということにされてしまった、いわば被害者なのだ。

アイルランド随一の魔性の女
メイヴ

英語表記：Medb
出身：アイルランド神話
名前の意味：酔わせる者

ヨーロッパの淫蕩な女神 / Nasty goddess in Europe

　メイヴはアイルランド神話（ケルト神話）のひとつ、英雄クー・フーリンの活躍で知られる「アルスター物語群」に登場するコナハト国の支配者だ。
　メイヴと言えば「クー・フーリンと彼の国に敵対した、横暴で傲慢な女王」というイメージが強い。だが大元の神話における彼女は少々異なる。メイヴは女の武器を使いこなして、戦士たちを誘惑し翻弄する魔性の女なのだ。

才色兼備の女武者
絶世の美女ながら、戦士および指揮官としての高い実力も兼ね備えている

モデル体型！
身長は高く、顔は長く肌は青白く、黄金色の豊かな髪を持っている

傲慢でわがまま
欲しいと思ったものは手に入れないと気が済まない性格である

切り札はベッドに
メイヴと一夜をともにする権利は、交渉における彼女の切り札である

　メイヴは人間であるはずなのだが、豊穣や繁殖、性愛、死、統治権などの属性を持つ女神のようにも描かれている。
　これら神性のなかでも、特に重要なのは「統治権」だ。メイヴは統治権を持つ血筋にあるため、彼女と結婚した男は王権を得られる。メイヴは神話内の大戦争において、自身の統治権や娘との結婚をエサに数多くの戦士を誘惑し、生きては帰れぬ死地へと送り込んでいる。

アメリカのイラストレーター、J.C.ライエンデッカーによるメイヴ。1911年。

女神の淫蕩ストーリー

　メイヴは正確な容姿こそ定かではないが、共通して「非常に背が高く、黄金色の豊かな髪の毛、青白く長い顔」と表現されている。さらに自身との一夜が交渉の切り札となる、ということも考慮するに、抜群のスタイルと美貌を兼ね備えた、性的な魅力あふれる女性であろうことが伺えるだろう。
　ここからは美しきメイヴ女王の、奔放な性遍歴について紹介していこう。

実質的にはバツ8か？
女王の謎多き男性遍歴

　アルスター物語群において、メイヴが主役級の活躍を見せる物語『クーリーの牛争い』。この神話でメイヴの夫として登場する男性は、コナハト王国を治めるアリル王だ。彼らは主人公クー・フーリンおよび彼の仕えるアルスター王国とは敵対する間柄である。

　現代の詩人が同神話をまとめ直した小説で、翻訳家・小説家の井辻朱美から「この作品は日本語の一次資料と言ってもよい」と高い評価を受けている『トーイン　クアルンゲの牛捕り』の冒頭は、メイヴ女王とアリル王がおそらく夫婦の営みを終えた後の寝物語からはじまっている。ふたりの夫婦生活は、ひとまず順調であったと見てよいだろう。

　ところでメイヴは、アリル王と結婚するまでに最低でも3人の男性と結婚しており、一説によれば彼女の夫となることで王権を得た男性は9人いる、というのだ。メイヴの正確な年齢こそ定かではないが、結婚したのが9人であったとしても、アリル王で4人目であったとしても、どちらにせよひとりの女性としては豊富すぎる男性遍歴と言えよう。

　ただしメイヴはコナハト王国の支配権など数々の神性を持つ、なかば女神のごとき存在である。夫となった者に王となる権利を与える女性、と考えれば、政治的にやむを得ない遍歴と言えるかもしれない。

　ちなみに「クーリーの牛争い」は、アリル王とメイヴが語り合ううち、いつしかおたがいの持つ財産の比べ合いとなる場面からはじまる。そのなかでメイヴは、夫の持つオス牛以上に立派な牛がどうしても欲しくなり、これをきっかけとしてアルスターとコナハトの大戦争が勃発するのだ。

メイヴの交渉の切り札は「柔らかき太ももの交わり」

　メイヴは自身の美貌と肉体に絶対的な自信を持っていた。神話内においてメイヴは数々の交渉事を行うのだが、相手をうなずかせる切り札として「柔らかき太ももの交わり」をかならず持ち掛けるのだ。

　メイヴの交渉は決まって大量の金銀や財産、特権の数々を提案した後、最後のだめ押しとして、自身の娘との結婚やメイヴとの一夜を持ち掛けるのだ。例えばアリル王の牛よりも立派な牛の持ち主は、メイヴへ牛を1年貸し出す対価として、大量の財産とともにメイヴと一夜をともにする権利を持ちかけられた。この提案に持ち主は「喜びのあまり寝椅子の上で飛び跳ねたために、羊毛くずを詰め込んだ敷布団の縫い目が張り裂けた」と表現されるほどの喜びを見せている。金銀財宝以上の切り札として扱われる、メイヴの女性としての魅力がよく伝わってくるエピソードだ。

　一方で、交渉が決裂してしまうと、メイヴは力づくでも相手を従わせようとする。だが交渉を受け入れた相手に対しては誠実であったらしく、少なくとも神話内では太ももの交わりの約束を反故にした様子はない。交渉の結果として、メイヴが数多くの男たちと太ももの交わりを結び、一度限りの情熱的な夜を、幾度となく愉しんでいたことに間違いはないだろう。

自身との交わりをエサにして戦士たちに命を捨てさせる

　やがてアルスターとコナハトの大戦争がはじまると、英雄クー・フーリンの七面六臂(しちめんろっぴ)の大活躍によって、コナハトの戦士たちは次々に倒れていった。ただひとりの英雄によって1日に何百人もの戦士が殺されてしまうため、コナハト国はクー・フーリンと「1日にひとりの戦士と決闘を行い、戦っているあいだだけコナハト軍は進軍できる。決着が付いたらコナハト軍は立ち止まり、翌朝まで動かない」という契約を結ぶに至る。

　これはひとりの戦士を生け贄に差し出して時間を稼ぎ、そのあいだに進軍するという苦肉の策だ。だが、あまりにも強いクー・フーリンに一騎打ちを挑んだ者が無事に帰れるはずもない。そこでメイヴは、金銀財宝や自身の娘との結婚、王権、そして女王との「太ももの交わり」をエサに、数多くの戦士たちを決して生きては帰れない死地へとけしかけたのだ。

 ## 自分の身体をエサに英雄たちをも誘惑する

　メイヴの誘惑は実力者のみならず、数多くの英雄たちにも向けられている。先述のクー・フーリンとの契約のときにも、メイヴは莫大な贈り物とともに、自身との太ももの交わりを提案し自陣営へ寝返るよう申し出たが、クー・フーリンはこれを断り一騎打ちの契約を結んだ。

　クー・フーリンとともに修行した兄弟弟子の親友で、コナハト王国の勇士でもあるフェル・ディアドもメイヴの誘惑を受けている。フェル・ディアドはクー・フーリンに勝てる可能性を持つコナハト唯一の戦士と目されていた。そこでメイヴは大量の金銀宝石と財産、税金の免除などの特権、娘との結婚、ダメ押しに自身との太ももの交わりをフェル・ディアドに提案し、クー・フーリンとの決闘に挑むよう促したのだ。

　法外な報酬を提案されたフェル・ディアドであったが、それでも親友との対決を断固拒否していた。メイヴは提案が受け入れられないと見るや、脅しすかしを交えてフェル・ディアドを言葉巧みにたぶらかし、何とかクー・フーリンとの決闘を飲ませたのである。

 ## アイルランドいちの性豪を愛人に囲う性欲旺盛なメイヴ女王

　メイヴは常に愛人を隠し持っていたという。なかでも特に知られた人物としては、アルスターからコナハトへと亡命してきた英雄フェルグス・マク・ロイヒが挙げられる。フェルグスはメイヴにいたく気に入られたらしく愛人として囲われ、ふたりは長いあいだ不倫関係にあった。

　フェルグスは巨人のように背が高く、剣をひと薙ぎすれば3つの丘の頂をまとめて吹き飛ばすほどの膂力を持っていたという。だがそれ以上に注目すべきは、フェルグスの恐るべき食欲と性欲だ。彼は一度の食事で7頭の豚と7頭の牛をたいらげてしまう大食漢であり、さらに性欲は毎晩7人の女性を抱かなければ治まらなかった、という伝説の持ち主である。それもそのはず、名前のフェルグスは「男らしさ」、ロイヒは「種馬」という意味で、フェルグスはその名に恥じない精力を持っていたのだ。

　700人の男に匹敵する精力を持つ「男らしき種馬」フェルグスを、ただひとりで満足させられる女性は、彼の妻とメイヴのふたりだけであった。

古代の常識と現在の感覚には埋められない溝がある!

　メイヴは自身の利になると見るや、惜しみなくその肉体を差し出すという、非常に尻軽な女に見える。だがこれは、現代の感覚と貞操観念で見ればそうなる、というだけの話だ。メイヴの伝承が生まれた時期を考慮するに、彼女は当時の女性としては当たり前の行動を取っているだけなのだ。

当時の女性としてはいたって普通

　メイヴや彼女の娘は、自身の女の武器をためらいなく振るい、男を誘惑することに関しては恥じらいさえ感じていない。

　実は当時のアイルランド周辺において、女性が性的な魅力を武器とするのは当たり前で、実力者に娘を差し出すのも一般的なことであったのだ。例えばメイヴの娘は、実力のある戦士に交渉材料として差し出されても嘆くどころか「憧れの男と寝るチャンスが来た」と、むしろ喜んでいる。

　現代の感覚でメイヴと娘を見れば、「不貞の女」と感じるのは至極当然である。だが時代と場所が変われば、貞淑のあり方も同じように変わるのだ。

ケルトの社会は女が強い「母系社会」

　古代ケルト人は「母系社会」の共同体で暮らしていた。これは「母方との血の繋がり」をもっとも重要視するもので、例えば家族の誰かが結婚しても、その夫や妻は家長の母との血縁がないため他人として扱われる。

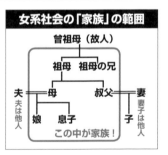

　メイヴの家庭と母系社会を併せて顧みるに、夫のアリル王は「メイヴと結婚することで、支配権を得ただけの他人」だ。メイヴの家族は自身と娘のみ、と見れば、アリル王が妻と娘の振る舞いに文句を言わないのにも、王国を実質的に支配しているのがメイヴであるのにも納得できるだろう。

　また、アイルランド神話にメイヴのような「女神や女性の豪傑」が多数登場するのも、ケルトの母系社会の影響を受けていると見て間違いない。

王権を示す地母神との聖婚

　神話内のメイヴは人間の女性なのだが、豊穣や繁殖、性愛、死、統治権などの属性を持つ女神のようにも描かれている。アイルランド神話研究の権威である井村君江によれば、メイヴは人間の女王として登場しているが、実際には人間ではなく明らかに女神なのだという。同神話内でのメイヴは、アイルランドの戦闘女神としての性質と、地母神としての繁殖女神の性質を兼ね備えている、というのだ。この「メイヴの真の姿は女神だ」という主張は、井村だけでなく、多くの専門家によって支持されている。

　井村はメイヴに関して、特に「9人の人間の王と結婚した」というエピソードに着目している。彼女の9回の結婚は女神としての役割であり、メイヴとの結婚はすなわち、国土そのものと恵みを象徴する女神と王との聖なる婚姻を意味しているという。例えばメイヴが登場する別の伝承において、彼女はほかの王の妻として登場する場合もあり、国土と統治権の女神としての強い力と役割が伺える。ちなみにメイヴの原型は、お酒を飲む儀式による聖婚で王と結ばれる、失伝した古代の女神にあると考えられている。

第三者の影響と失われた伝承

　アイルランド神話は、古代から口伝のみで語り継がれてきたものなのだが、現代における原典は、11〜14世紀に書かれた複数の文献にある。これは同時代に、アイルランドへやってきたキリスト教の宣教師たちが聞き集め編さんしたものだ。彼らが現地の信仰と神話をまとめた理由は、土着の宗教と融和させての布教という平穏な方針を取ったため、と見られている。

　宣教師たちはドルイド（ケルトの知識階級）などの語る神話伝承を各々に聞き集め、その内容を記録していった。そして集まった断片的なメモの数々から物語を紡ぎ上げ、アイルランド神話物語集を完成させたのだ。

　もし彼らキリスト教の宣教師がケルト人の神話を記録していなかったら、神話を文字で記録する文化がなかったケルト人の神話は消滅していた可能性が高い。称賛すべき業績だといえるだろう。ただし、宣教師たちの記録には、著者の意向、特にキリスト教の影響を受けた部分があるのは事実だ。また神話伝承を伝えてきた当人による著作ではないため、さまざまな原因で収録されなかった伝承、改変された伝承が相当にあるものと考えた方がよい。メイヴの伝承も同様に、完全な形で残されたとは言い切れないのだ。

強いオトコをモノにする！
モリガン

英語表記：Morrigain
出身：アイルランド神話
名前の意味：大女王、夢魔の女王など

ヨーロッパの北西に浮かぶ双子の島のひとつ、アイルランド。イギリスの対岸にあるこの島に伝わる神話「ケルト神話」では、おもに「神々の争い」と「戦士たちの闘い」、そして「愛の物語」が語られる。

モリガンはアイルランドで信仰された女神であり、流血と死を喜ぶ戦いの女神であるのと同時に、肉欲を求める淫らな女神でもある。

武装した姿
鎧を身につけ、2本の槍を持った姿で、人間の前にあらわれる

美女と老婆
外見年齢は自由に変えることができ、美女や老婆の姿で出現する

ワタリガラスの姿
戦場で死体をついばむ「ワタリガラス」の姿に変わることができる

3柱一体の女神である
モリガン、ネヴァン、マッハという3種類の姿を持つとされる

アイルランド神話の運命の三女神「バイヴ・カハ」は、モリガン、ネヴァン、マッハという3種類の姿を持っている。このなかでもっとも淫らな性質を持っているのが、ここで紹介するモリガンである。

モリガンは戦いを愛し、人間たちが戦争をすれば、ワタリガラスの姿で戦場を飛び回り、戦いのあとは戦死者の屍肉をついばむ。ときには戦士たちに入り混じって、血みどろの殺し合いに酔いしれるのだ。

アーサー王伝説の登場人物「モルガン・ル・フェ」（写真）は、ケルト神話のモリガンを前身とするキャラクターだと見られている。イギリスの画家、フレデリック・サンディーズ画。

女神の淫蕩ストーリー

　戦争とセックスは切っても切れない関係にある。戦いの極限状態から生還した戦士たちは、本能的に性欲が高まり、女性の柔肌を求めるのである。
　戦女神モリガンにとっても、セックスは欠かせないものであるらしい。
　モリガンの好みは「強い男」だ。彼女はお眼鏡に叶う男を見付けると、若い女性の姿をとって彼らに近付き、誘惑するのだ。

オトコの価値は顔より甲斐性！
力と豊かさが"いい男"の基準

　アイルランドの神話は、物語の舞台となる時代ごとに、おおまかに3つのブロックに分かれる。そのなかでもっとも古い時期、まだ地上に人類がおらず、神々と怪物だけが住んでいた時代の神話において、淫らなる戦女神モリガンが「お相手」として目をつけたのは、複数存在する神の一族のうち「ダーナ神族」というグループに属していた、豊穣神ダグザである。
　モリガンは川のほとりで「長い髪を9本の三つ編みにして垂らし、片足を川の南に、もう一方の足を川の北に乗せて」水浴びをしていた。そこにたまたま通りかかったのがダグザであった。好みの男に目をつけたモリガンは、さっそくダグザを誘惑して一夜をともにする。
　モリガンは、ダグザが彼女に一夜の悦びを与えた対価として、神々の最終決戦において、モリガンがダグザたちダーナ神族に助力することを約束した。そしてモリガンは、神々の最終決戦において、約束どおりダーナ神族を勝利に導いたのである。
　ここまでは神話の世界ではよくある話だが、問題はモリガンが「なぜダグザを誘惑したか」である。なぜならこのダグザという男神、お世辞にもハンサムとは言えない外見の持ち主なのだ。太鼓腹の肥満体で、髪の毛はボサボサ。そして服装は、お尻までようやく届く程度の粗末な胴着だけ。身だしなみに気を使わない、冴えない中年親父という表現がぴったりだ。
　しかし見た目に反して、ダグザは偉大な神ではある。彼は神の一族が8人がかりでやっと持ち上げられるほど巨大な棍棒を軽々と振り回す怪力の持ち主で、すぐれた戦士であった。また、生と死をあやつり、天候を操作して農作物を豊

作にすることもできる。戦い以外でも大活躍する偉大な神だ。

　つまるところモリガンは「強い男」が大好きなのである。醜い外見も、だらしない服装も、モリガンにとっては欠点に映らないのだ。もちろん、豊穣の神であり戦いに強いということは、夜の持久力のほうも絶倫に違いない。対価として神々の戦いを勝利に導いたくらいだから、モリガンもそれはそれは大満足の一夜を過ごしたに違いない。

多くの戦士と関係を持ったが最強の英雄には振られてしまう

　ダグザと交わった神話を見てもわかるように、モリガンが選ぶセックスパートナーの基準は「強い戦士」である。

　彼女はほかの神話でも、強い戦士を誘惑して交わり、その対価として戦女神の祝福を与える。男から見れば「あげまん美女の据え膳」であり、男としても戦士としても、彼女の誘惑を断る理由はないだろう。だがアイルランド神話にはただひとり、モリガンの誘惑をはねのけた男がいる。アイルランド神話最強の英雄、クー・フーリンだ。

　33ページからの「メイヴ」の物語でも紹介したが、当時クー・フーリンの母国は、すべての戦士が呪いで力を失っていた。そのため彼は、たったひとりで母国を守るブラック労働中だった。とても女体にうつつを抜かす暇などなく、クー・フーリンはモリガンの求愛を拒絶したのである。モリガンはこれに激怒し、クー・フーリンを「永遠に許さない」と宣言する。

　モリガンは、ブラック国防中のクー・フーリンに、狼やウナギなどさまざまな姿に変身して襲いかかり、執拗に命を狙い続ける。ところがモリガンの挑戦は、クー・フーリンによってことごとく退けられてしまう。最後には投石器で片目を潰され片足を折られ、ボロボロになったモリガンは、老婆に化けてクー・フーリンに近付き、おたがいに祝福を交わして傷を癒やし合い、和解するのであった。

　だが、これほどにひどい目に遭わされたにも関わらず、モリガンはクー・フーリンの強さにますます惚れ込んだものと見える。

　和解したあとのモリガンとクー・フーリンの関係は良好で、男女の仲にこそならなかったものの、クー・フーリンへ危機の予言を伝える、自身の加護を与えるなどしている。そうしてクー・フーリンが国を守りきって戦死するまでのあいだ、モリガンは彼を助け続けたのだ。モリガンの「強い男」への愛着と執着がよくあらわれているところであろう。

性と戦いはモリガンの持つ神性の一面に過ぎない

　40ページまでモリガンの神話を見ていると、この女神は性愛に全振りをした淫乱女神に見えてしまうかもしれない。だがそれは「本書があえてそのように書いた」からである。本来のモリガンはもっと多面的な女神であることを、責任を持って擁護しておきたい。

淫蕩の真相① モリガンが担う「神話のお役目」

　モリガンはアイルランド神話において、非常に重要な立場にある。彼女はダーナ神族の豊穣の神ダグザ、アルスター国の英雄クー・フーリンと密接な繋がりを持っており、ここからモリガンに任された役割が読み取れるのだ。

　まずダグザとの出会いと性交渉は、モリガンが強力な性と豊穣の女神であることを示すものだ。ふたりの逸話はダーナ神族の勝利の約束ではなく、モリガン自身の属性を強く示すためのものなのだ。

　クー・フーリンとの関わりは、戦と性の女神という側面に目が行く。しかしこれらの逸話もまた、彼女の別の属性を示すものなのだ。モリガンは英雄、つまりクー・フーリンに死を予告する女神なのである。彼女はあまりにも多くの神性を持つがゆえに、性的な逸話ばかりが悪目立ちしている。

淫蕩の真相② 豊穣の女神は淫蕩に見える

　モリガンは戦闘の女神であり、戦士に祝福と加護と名誉ある死を与える存在だ。だが彼女には豊穣の女神、すなわち地母神という側面もある。地母神がどうやって大地に豊穣をもたらすのかといえば、当然のことながら「性行為」が、切っても切り放せないものとして付随してくるわけだ。セックスは生命の繁栄に必要不可欠な行為であり、セックスと淫乱さを安直に結びつけてレッテルを貼るのは適切でない。（そう、本書のように！）

　性と戦い、豊穣と死という、一見では相反する分野を守護する女神であるために、モリガンの神話は、読む者の先入観によって見え方が大きく変わってくる。戦場に死をもたらす女神、英雄を守護する女神という性質に目を向けて神話を読めば、これまでとは違った感想が得られるだろう。

ボアーン

ダーナ神族は穴兄弟だらけ

英語表記：Boann　別名：ボアンド
出身：アイルランド神話
名前の意味：白い牛

ヨーロッパの淫蕩な女神

ボアーンは、ヨーロッパ北西に浮かぶ島国、アイルランドの神話に登場する女神である。名前からは、胸の大きな女性を示す「ボイン」を連想してしまう。彼女の名前は日本語のボインとはまったく関係ないが、まるで的外れとも言いきれない。実は彼女は、アイルランドで神聖とされる川のひとつ「ボイン川」を守護する川の女神なのである。

彼女自身が川
アイルランド東部を流れる「ボイン川」の守護女神である

名前の意味は？
彼女の名前の意味は「白いメス牛」だと考えられている

息子の神
彼女の息子オイングスは、恋物語の神話で知られている

重要史跡
ボイン川の流域には、ケルト文化と神話の史跡や遺跡が多数ある

アイルランド神話を作ったケルト人たちは「水」を特に神聖なものだと考えていた。そのためケルトの神話には、川の一本一本、泉のひとつひとつに別々の女神がいる。ボアーンはそれらの水の女神のなかでも、特に有名な存在である。それは全長117kmに過ぎない小さなボイン川が、アイルランドの神聖な場所を流れる、宗教的に重要な川だからだ。

ボアーンがボイン川の女神となった経緯は、異なる内容の神話で説明されている。どの神話も物語の展開は大きく異なるが、いずれにおいても「ボアーンが禁忌を犯した、あるいは犯そうとしたため、何かから大量の水があふれ出して川となりボアン川ができた」という点と「ボアーンがボイン川を作り、その女神となった」という点は共通している。

女神の淫蕩ストーリー

　ボアーンには水神ネフタンという夫がいる。つまり人妻女神である。あえて人妻と書くのは、もちろん彼女が夫をさしおいて浮気しているからだ。
　ただの浮気であれば、神話の世界では「きわめてよくあること」だが……彼女と浮気相手は夫から浮気の事実を隠すために、世界全体を巻きこむ、とてつもなくはた迷惑な隠蔽工作をしでかしている。

不倫の発覚を恐れて起こした驚天動地の隠蔽工作

　ボイン川の女神ボアーンは、ネフタンという水の男神と結婚していた。ネフタンはあらゆる知識の溶け込んだ特別な泉の守護者であり、ふたりの結婚はボアーンがネフタンに惚れ込んでのものであった。

　神話によれば、ボアーンはネフタンを求めるあまり泉のなかに飛び込み、そのせいで泉からあふれ出た水が、海に流れ込んでボイン川になったとされている。だからボアーンはボイン川の女神なのだ。

　だが夫ネフタンからの愛情は、ボアーンにとっては物足りないものだったらしい。彼女の夫への愛は、年月とともに少しずつ色あせていき、やがてボアーンは別の男に惚れてしまう。その男は、ダーナ神族の豊穣と再生の神ダグザであった……そう、39ページで戦女神モリガンと一夜のお相手になった、太鼓腹で髪の毛がぼさぼさの、中年男性じみた神である。実はこのダグザ、こんな外見ながらケルト神話の女神たちにはモテモテで、多くのお相手とセックスしまくっている超プレイボーイなのである。

　戦いに強いからか、食べ物をたくさん持っているからか……神話には理由が書かれていないため、現代人のわれわれはダグザがモテモテな理由を想像するしかないが、ともかくボアーンはダグザに夢中になった。夫に隠れて不倫相手と交わる背徳感をスパイスにしながらダグザの精を搾り取ったボアーンは、当然のごとく妊娠してしまう。

　"ヤればデキる"のは当たり前であろうに、ボアーンとダグザは、いまさらながら焦りはじめた。ネフタンはアイルランドの神話世界でもかなりの実力者で、最高神を経験したことのあるダグザであっても軽んじていい相手ではない。「貴方

の嫁を寝取って孕ませました、ゴメンネ！」で済む相手ではないのだ。ではどうするか……ふたりは一計を案じた。

ボアーンの妊娠が発覚したのは、水神ネフタンが仕事に出ている日中だった。そしてネフタンは、日が暮れると自宅に帰ってくる。そうなればボアーンの大きくなったお腹が明らかになり、誰の子なのかが問題となってしまう。ここでいけしゃあしゃあと「あなたの子よ♡」などとは言わないのが、ボアーンの最低限の誠実さであろうか。

とにもかくにも、日が暮れたら夫が帰ってくる。ならば、日が暮れなければ夫は帰ってこない！　そう浮気カップルは考えた。彼らは魔法を使って、9ヶ月のあいだ太陽が沈まないようにしたのである。

ネフタンは日が暮れないのを不思議に思いながら、9ヶ月間黙々と仕事を続ける。ボアーンはひたすら時が過ぎるのを待つ。そして9ヶ月後、ボアーンの胎内ですくすくと成長した赤ん坊が生まれ落ち、ダグザの息子ミディールに預けられ、オイングスと名付けられた。ボアーンの出産により太陽はようやく沈み、ネフタンはお腹が小さくなった妻の待つ家へ帰ってきた。

こうしてふたりの浮気は誰にも知られることなく永遠の秘めごととなった。

めでたしめでたし……で、よいのだろうか？

アイルランドの神々はボアーンの"穴兄弟"だらけ？

ここまで紹介した神話では、ボアーンと関係を持った男神は、ネフタンとダグザの2柱である。だがケルト神話には数多くのエピソードがあり、ボアーンは彼ら2柱以外の男神と、婚姻や不倫関係を結んでいる。

アイルランドの地名と、その地方に伝わる伝説をまとめた文献『ディンヘンハス』の韻文版によれば、ボイン川の一部は「ヌァザの妻の腕とその脚」と呼ばれている。つまりボアーンは、長らくダーナ神族の王として一族を率いていた、片腕を失った神ヌァザと結婚していた時期がある、と見られている。ボアーン、まさかのバツイチ疑惑の浮上である。

また、彼女の夫はダグザの兄弟エルクワルだとする話、ダグザの子オグマとも不倫したとされる話など、枚挙にいとまがない。

神話には異説がつきものではあるが、もしすべてが神話上の事実だと仮定するなら、ボアーンは実の兄弟や親子をことごとく「穴兄弟」にしてしまった、とんでもない淫乱女神だということになってしまう。

聞く人がエロを喜ぶから神話はどんどんエロくなる!

　ボアーンに関するすべての神話が正しいとすれば、彼女はかなりの男性遍歴を持つ、浮気症の女としか言いようがない。

　だがいくつかの文献と、ケルト神話の成立の経緯を考慮すると、こういった神話の内容は、本来の姿とは違う可能性が出てくるのだ。

淫蕩の真相① 文献によって異なるボアーンの姿

　まず、別パターンの神話では、ボアーンはもう少し常識のある女性である。44ページで紹介した『ディンヘンハス』の別バージョンでは、ボアーンは確かにダグザと浮気をしたが、それを深く後悔して、その身と罪を清めるための儀式をひとりで執り行っている。

　また、インドやヨーロッパの神話には特定のパターンがある。実はボアーンは、水だけでなく「曙（日の出の太陽）」の女神でもあるのだが、インド・ヨーロッパの神話では「曙の女神に兄弟の男神が求愛する」という共通の神話がある。ボアーンはこの「おきまりパターンの神話」に、たまたまあてがわれてしまっただけの可能性がある。

淫蕩の真相② 詩人が語り、脚色した神話群

　アイルランドのケルト人にとって、神話とは宗教指導者にして詩人である「ドルイド」が語るもので、神話を文字に書き残す習慣がなかった。現在残っている神話は、キリスト教徒が詩人から聞き取って書き残したものだ。

　それを踏まえて考えると、アイルランドの神々であるダーナ神族を主役とする神話群は、生活や恋愛の描写がやけに扇情的で、まるでメロドラマのような内容となっていることに気づく。

　欧州の歴史とケルト神話の専門家であるマイケル・ケリガンは、ケルト神話の物語は、ケルトの詩人たちが神話の本来の表現に物足りなさを感じ、もとの神話にはなかった描写をあとから加えていったと考えている。

　つまり神話のボアーンが淫らで不貞な女性になったのは、神話にエロスを求めた読み手と聞き手のせいである可能性があるわけだ。

浮気バレは子供のせい!?
アリアンロッド

英字表記：Arianrhod　別名：アランロド
出典：『マビノギオン』
名前の意味：銀の輪

イギリス南西部ウェールズ地方に伝わっていた神話伝承を1冊にまとめた物語集『マビノギオン』。マビノギオンには11の物語が収録されているが、なかでも重要な神話物語『マビノギ四枝』のひとつ『マソヌウイの息子マース』には、アリアンロッドという女性が登場する。

彼女は世にもめずらしい、「母性を否定する女」として物語に関わるのだ。

その正体は間違いなく神
ウェールズの神々の血を引く、れっきとした神の1柱である

運命を司る女神
運命の女神であり、名前に「輪」という意味が含まれている

表向きは処女と偽る
「自分は純潔の処女である」と言ってはばからない

弟とは禁断の関係
実の弟グウィディオンとは、近親相姦の情を交わした禁断の仲

アリアンロッドの名には「銀の円盤」「銀の輪」という意味がある。文献によってはアランロドとも呼ばれるが、こちらは「大きな輪」という意味だ。双方に共通する「輪」の要素は、彼女がただの人間ではなく、運命の女神でもあることを示している。

彼女は、ウェールズにおいて「すべての神々の母」とされる母神ドーンの娘であり、同じくドーンの息子であるグウィディオンの恋人だった。

なお、ウェールズの詩には「カエル・アリアンロッド（アリアンロッドの砦）」という単語がよく出てくるが、これは日本でも有名なギリシャ星座のひとつ、「かんむり座」のことである。ウェールズの人々は、夜空に浮かぶ星の連なりを、この女傑の砦だと考えたのである。

女神の淫蕩ストーリー

　アリアンロッドは、『マビノギオン』の神話のなかでも指折りの悪女として描かれている。彼女は実の弟グウィディオンと近親相姦の情を結びながら、他人に対しては「自分は清らかな処女である」と言い張っている。しかも自分の嘘をあばかれると、「自分の名誉を傷つけた」として、自分の子供を逆恨みして、呪いをかけてしまうのだ！

実の弟と交わり懐妊
その状態で処女と言い張る

　『マソヌウイの息子マース』の物語にアリアンロッドが登場するのは、奇妙な宿命を持つ領主にまつわるトラブルが起きたあとである。この領主は、どういうわけか「戦争をしていないときは、常に自分の足を"処女の膝"の上に乗せていなければ死んでしまう」という宿命を持っていた。

　あるとき、この領主は戦争へ出征したのだが、そのスキを突いて、領主の城へ不埒な男が潜入。領主の足を支えていた処女をレイプして、純潔を奪ってしまったのだ。

　処女を奪われてしまっては、領主の足を支える役目を果たすことはできない。これによって、領主は新たな「足乗せ役」の処女を探す必要に迫られる。そして白羽の矢が立ったのがアリアンロッドであった。嘘をついてもすぐバレる（なにせ領主が死んでしまう）のだから、正直に処女ではないと告白すればいいのに、アリアンロッドは堂々と領主の前にあらわれた。

　もちろん領主にとっては、アリアンロッドが処女かどうかは自分の命に関わる問題だから、本人の自己申告だけでは安心できない。そこで彼は、アリアンロッドが本当に処女なのかを、魔術を使って確かめることにした。

　領主は魔法の杖を地面に置き、アリアンロッドに「この杖の上をまたいでみせよ」と命じる。アリアンロッドが杖をまたごうと踏み出すやいなや、彼女は股のあいだから、大きな赤ん坊を産み落としたのだ。

　どこかの宗教の聖母様でもあるまいし、処女が子供を産むことなどありえない。アリアンロッドの嘘は公衆の面前で否定されてしまったことになる。彼女は赤ん坊の産声を聞くやいなや、子供を置き去りにして逃げ出し、城の一室に引きこもっ

て、もうひとりの子供を産み落とした。大きな赤ん坊は領主が引き取り、少しあとに発見された戸口の小さな赤ん坊は弟グウィディオンが育てることとなった。彼女は恥ずかしい嘘をついたばかりか、子供を育てるという母親の義務すら拒絶したのである。

神話では、ふたりの赤ん坊の父親は明確にされていない。だがほとんどの研究において、父親は近親相姦の相手グウィディオンだと解釈されている。

自分の罪を子供に押しつけ「呪い」までかける悪女ぶり

アリアンロッドが捨て、グウィディオンが育てた小さな赤ん坊は、あっという間に大きな男の子に育った。神話によれば、その子が4歳になるころには、すでに8歳の少年の体格になっていたという。

グウィディオンはある日、立派に育った男の子をアリアンロッドのもとへと連れて行った。ところが彼女はグウィディオンと少年を見るなり「わざわざ私に恥をかかせるためにやってきたのか。どれだけ私の恥を忘れず、追い続ければ気が済むのか」と、嫌味たっぷりに吐き捨てたのだ。

そもそもアリアンロッドが「自分は処女ではない」と正直に言えば、かかずに済んだ恥である。自分の行いを子供になすりつける姉に、さすがに怒りを覚えたのだろう……グウィディオンは「私がこの子を立派に育て上げたことこそ、あなたは恥ずかしいと思わないのか。それに比べれば、あなたの恥など取るに足らないものだ」ときつく言い返している。

グウィディオンが育てた少年には、まだ名前がなかった。それを聞くや否や、アリアンロッドは「アリアンロッドが与えるまで、少年は名前を持てない」という呪いを掛けた。アリアンロッドが神話内にて少年に掛けた呪いは合計3つで、ふたつ目は「アリアンロッドが与えるまで、少年は武器や防具を装備できない」、3つ目は「少年はいかなる人種や種族の女からも妻をめとれない」というものであった。『マソウヌイの息子マース』の物語の後半は、実母から呪いをかけられた、この名無しの少年が主人公となる。彼は実父グウィディオンとともに、知略のかぎりを尽くして、母を罠にはめて「スェウ」という名前を手に入れ、母をだまして武装を認めさせ、人間ではない花嫁を手に入れた。そしてスェウは立派な男に成長し、領地を手に入れて良き統治者になったという。

みずからの性欲と虚栄心がもたらした罪を、罪もない実子になすりつけようというアリアンロッドのもくろみは、完全に失敗したのである。

英雄の物語を彩るため冷酷な母親として描かれた

『マビノギオン』の神話のなかで、淫らで独善的な女として描かれたアリアンロド。彼女がここまで悪しき存在として描かれたのは、神話の作り手たちに「アリアンロドの息子を、偉大な神として描く」という目的があったからだ。つまり彼女は、息子の引き立て役にされた女神なのである。

淫蕩の真相 3つの呪いに秘められた意味

19世紀フランスの比較神話学者ジョルジュ・デュメジルによれば、欧州やインドの民族が語り継いできた神話には「三機能」という共通点があるという。それによれば、神の力は「主権」「戦闘」「生産」という3つの機能に分類される。そしてそれは、人間社会の役割分担「支配者(王や族長)」「守護者(戦士)」「平民(農民や職人)」に由来するものだという。

つまり、スェウがかけられた3つの呪いは以下のような意味となる。

「名前をつけられない」……第一機能「主権」を封じるためのもの
「武装できない」……第二機能「戦闘」を封じるためのもの
「結婚できない」……第三機能「生産」を封じるためのもの

では、アリアンロドはなぜ息子の三機能を呪いで封じたのか。これは物語の主役であるスェウを中心に考えると理解しやすい。

スェウが与えられた名前は、正確には「スェウ・ゲフェス(器用な手を持つ光り輝く人)」という。この名前は、ウェールズの海をはさんだ隣国、アイルランドの神話に登場する光の神ルーと同じものだ。ルーは武芸百般に通じ、あらゆる仕事を楽々とこなし、実力を証明してアイルランドの神々のリーダーになった存在である。つまり彼は、三機能のすべてをそなえているわけだ。
『マソウヌイの息子マース』は、神々の子孫として生まれた赤子が、アイルランドの光神ルーに相当する偉大な存在に育つまでの物語である。つまりこの物語では、スェウが神であることを強調するため、スェウが三機能を手に入れた経緯を示さなければならない。スェウが三機能を手に入れるための試練を与える舞台装置として、運命の女神アリアンロドは都合のいい存在だった。彼女はそのために……物語の都合で悪女に変えられたのである。

貞淑? なにそれおいしいの?

ブロダイウェズ

英字表記:Blodeuwedd
出典:『マビノギオン』
名前の意味:花のような顔

世界の神話の英雄には、美しい伴侶がつきものである。ウェールズの神話集『マビノギオン』の一編「マソヌウイの息子マース」に登場するブロダイウェズは、主人公スェウの妻となった絶世の美女だ。

ブロダイウェズは「花などの植物から、魔法で創造された」という特殊な存在で、その出自からだろうか、彼女は非常に移り気な尻軽女である。

植物由来の創造物
花を中心とした複数の植物から、魔法で創造された女性である

花のような絶世の美女
「この世のものならず美しくかぐわしい乙女」と表現されている

生まれたときから彼の妻
人間と結婚できない主人公スェウに、妻を与えるため創造された

異名はフクロウ
ブロダイウェズという名前は、フクロウの別名でもあるという

ブロダイウェズは、ナラの木、エニシダ、セイヨウナツユキソウという3種類の植物の花から作られた女性……いわば神造人間である。

ブロダイウェズの材料となった花は、どれも小さな花がたくさんあつまった、白や黄色のつつましくかわいらしいものばかりなのだが、制作者の願いは届かず、彼女はつつましさよりも、咲いた花がすぐ枯れるような、移ろいやすい心を持つ存在になってしまった。

ブロダイウェズと浮気相手グロヌウの出会いの場面。イギリスの画家、アーネスト・ウォールカズンズ画。

Nasty goddess in Europe
ヨーロッパの淫蕩な女神

女神の淫蕩ストーリー

　ブロダイウェズは、浮気をするためにこの世に生を受けたような女性である。彼女の物語が紹介されている書籍『マビノギオン』を参考にすると、『マソヌウイの息子マース』がそれなりに長い物語であるのにもかかわらず、彼女が結婚してから浮気するまでの紙幅はわずか1ページしかない。
　「結婚してから1ページで浮気」の早業である。

生まれてすぐに結婚するが
その直後から浮気はスタート

　『マソヌウイの息子マース』の主人公スェウは、47ページで紹介したとおり、自身を産んだ母親にひどく憎まれていた。育ての親である叔父とともに母親へ会いに行くと、母親は息子の顔を見るや憎まれ口を叩き、彼に呪いを掛けてしまうのだ。合計3つの呪いのうち、ふたつまでは叔父の機転と策略によって打ち破れたのだが、最後に残った「**いかなる人種や種族の女からも妻をめとれない**」という呪いは、叔父とスェウをひどく困らせた。普通に生まれ生きている女性は、スェウの妻になることができないのだ。

　そこでスェウの叔父は王の協力を仰ぎ、力を合わせてデリの花（ナラ）とバナディルの花（エニシダ）とエルウァインの花（セイヨウナツユキソウ）を集め、それらを素材にして、魔術でひとりの女性を創り出した。花々から創られた美しくかぐわしい乙女、それこそがブロダイウェズである。彼女は花を中心とした植物から創られた存在なので、「**いかなる人種でも種族でもない**」。すなわち呪いの制限をすり抜けて、スェウの妻になれるのだ。

　ブロダイウェズはすぐさまスェウに与えられ、王は喜んでスェウに領土を与えた。スェウは領地をみごとに治め、ふたりはしばらく幸せに暮らしていた。だがある日、ブロダイウェズはスェウが留守のあいだに、狩りをしていたグロヌウという男と出会ってしまう。ふたりは相思相愛となり、出会ったその日にベッドイン。花粉ほしさにめしべ全開な植物に、貞操観念を求めるのが間違いなのか。

　その後も不貞の妻と間男は、夫が帰ってくるまで、夫婦のベッドで毎晩のように楽しみ過ごした。そればかりかふたりは、邪魔な夫を亡き者にする計画を立て動き始めるのである。

間男と手を組んで夫を亡き者にせんと企む

　スェウは神々の祝福を受けていたため、不死に近い肉体を持っていた。だがウェールズやアイルランドの神話において、神や神のごとき力を持つ者にはかならず弱点があり、特定の条件下でなら殺害が可能になる。

　間男グロヌウにすっかり惚れ込んだブロダイウェズは、妻という特権を活かして、夫を殺せる条件を当人からすべて聞き出した。スェウが死ぬ条件とは、「スェウが、入浴用の大釜の縁と、雄鹿の背にそれぞれ足をかけた状態」で、「特定の方法でまる1年かけて作った槍」で突き刺すというものだ。こんな特殊な状況は狙わないかぎり訪れないだろう。

　ブロダイウェズからスェウが死ぬ条件を聞いたグロヌウは、それらの条件を一度にすべて満たせる環境を整え、ブロダイウェズと役割分担をしてチャンスを待った。そしてブロダイウェズが大釜と雄鹿のところにスェウを誘導し、彼が足をかけた瞬間、秘蔵の槍をスェウに投げつけたのだ。

　槍に刺されたスェウの姿は鷲へ変わり、鋭く恐ろしい声で鳴くと、どこかへ飛び去っていった。ふたりの暗殺計画は成功した……かに思われた。

とどめを刺したはずの夫が復讐を遂げにやってきた

　スェウを亡き者にしたグロヌウは、スェウの館と領地を乗っ取り、もともと自分が領主であったかのように振る舞いはじめる。そしてブロダイウェズは嬉々として、毎晩のようにグロヌウとのセックスに溺れていく。

　だがスェウは死んでおらず、鷲の姿のまま生き延びていた。叔父はスェウを見つけ出して人間の姿に戻し、手厚い治療を施したのである。

　1年後、すっかり元の姿に戻ったスェウは兵を挙げ、不貞の妻と間男の住む自分の領地へと攻め込んだ。そしてグロヌウは背中を粉々に砕かれて殺され、ブロダイウェズの侍女たちは、逃げる最中に湖に落ちて溺れ死んだ。当のブロダイウェズは命こそ奪われなかったものの、スェウの魔法でフクロウの姿に変えられた。これは当時の価値観では死ぬよりひどい罰であった。

　ウェールズにおけるフクロウは、太陽の光を浴びられず、すべての鳥に嫌われる孤独な動物なのだという。かつてブロダイウェズが暮らしていた地方では、今でも、フクロウのことをブロダイウェズと呼んでいるという。

話の流れが同じでも人が違えば印象も変わる

『マソウヌイの息子マース』はウェールズ地方の伝承だが、近隣地方にも、この話と同じ構図やギミックで構成された話がある。だがギミックは同じでも、そちらの話では「ヒロインが淫らだ」とは感じない。なぜなら、ギミックが同じだけで、物語の前提条件がまったく違うからだ。

淫蕩の真相 スェウの元はアイルランドの神

スェウはアイルランド神話の英雄神「ルー」と同一の存在である。ウェールズの詩人たちは、スェウをルーと同等の存在にするため、数々の試練を乗り越えさせた。ブロダイウェズも、彼がルー神となるための舞台装置だ。

淫蕩の真相 アイルランドの神話をマイナーチェンジしたもの

ブロダイウェズの不倫物語は、アイルランド神話の英雄クー・フーリンと、マンスター王クー・ロイと妻ブラートナドの逸話に酷似している。

クー・フーリンとクー・ロイのふたりは、財宝と美女ブラードナドを狙い、とある地方を襲撃する計画を立てた。襲撃作戦は大成功、ふたりは財宝とブラードナドを略奪したが、その取り分で揉めてしまう。揉めに揉めた結果、クー・フーリンはクー・ロイから辱めを受け、愛しのブラードナドもクー・ロイに奪われてしまうのだった。

復讐に燃えたクー・フーリンだが、クー・ロイは不死身の男であり、このままでは倒すことはできない。そこで彼は、ブラードナドから不死身のクー・ロイを殺す方法を聞き出し、情報をもとに殺害して復讐を果たした。だが復讐の過程で、クー・フーリンが何よりも欲しがっていたブラードナドは命を落としており、英雄の恋は実らなかったという内容だ。

不死身の男を殺すために、その男の妻から弱点を聞き出し、不死身の守りを破って殺害するという構図は、ブロダイウェズとグロヌウの不倫話とそっくりである。だが殺害の実行者が、クー・ロイに美女を奪われた復讐者であるアイルランド版と、何の正当性もなく夫を殺すウェールズ版では、読者の受ける印象がまるで違うものになってしまっているのだ。

ヨーロッパの淫蕩な女神 / Nasty goddess in Europe

いつ誰とでも寝る女神
フレイヤ

英字表記：Freya, Freia
出典：北欧神話

　フレイヤは北欧神話でもっとも有名な女神である。彼女は作物の豊穣、幸運、魔術などさまざまな分野の守護神をつとめているが、そのなかでもっとも重要なのは「性愛の女神」であることだ。

　彼女は貞操観念など無いかのように荒淫を繰り返す。そしてその欲望によって、北欧神話の世界にトラブルを呼び込むのである。

外見
絵画などでは、金色の神と青い瞳を持つ女神として描かれる

魔術
「セイズ」と呼ばれる占いや呪いの魔術を自在にあやつる

ブリーシンガメン
神をも魅了する黄金の首飾り「ブリーシンガメン」を身につけている

猫の車
フレイヤは、猫が引く車に乗って移動することがある

　北欧神話の主人公は、最高神オーディンの率いる「アース神族」である。一方でフレイヤは、アース神族の同盟者「ヴァン神族」に属する。彼女とその兄フレイは、同盟の証としてアース神族に居候している人質のような存在だ。

　ヴァン神族は農業の神であり、女性たちは「セイズ」と呼ばれる呪術的な魔法の使い手でもある。フレイヤはこのセイズ魔術の達人であり、アース神族の神々も彼女に頼ることがある。

ブリーシンガメンの首飾りを身につけたフレイヤ。1913年、アイルランド人の画家ジェームス・ドイル・ペンローズ画。

女神の淫蕩ストーリー

　北欧神話の世界では、神話になるようなトラブルを引き起こすのは、たいていトラブルメーカーの神ロキのたくらみか、自由奔放で欲の深いフレイヤである。ここからはフレイヤの引き起こしたトラブルを中心に、神話のなかにおける彼女の性遍歴を紹介していこう。あまりに多彩過ぎるフレイヤのお相手に驚くこと間違いなしである。

 ## 多すぎて数え切れない！
女神フレイヤの性のお相手

　フレイヤは愛の女神であり、多くの愛人がいる。相手の数は、あまりに多すぎて数え切れないほどだ。

　その多さは、アース神族の神々が集まって会議をしているところで、トラブルメーカーの神ロキがフレイヤに「ここにいる神や妖精は、ぜんぶお前の愛人だったじゃないか」と言い放つほど。ロキの罵倒には誇張も含まれていると思われるため、本当に全員が愛人だったかどうかはわからないが、少なくとも数十人などという範囲に収まるものではなかったことは確実だろう。

　そんな愛人たちのなかでも特にフレイヤのお気に入りだったのが、オッタルという人間である。彼は頭こそあまりよくないが、たくましくハンサムな男性だった。彼は猪に変身する能力を持っていて、フレイヤは猪になったオッタルに乗って遊びに行くことを好んだという。

　フレイヤは近親相姦にも手を出している。彼女の兄であるフレイは、作物の実りや家畜の多産を守護する「豊穣神」なのだが、男性の豊穣神は巨大な男根を持つとする神話が多い（つまるところ種付けパワーの表現である）。フレイの男根も例に漏れず巨大であり、大いにフレイヤを楽しませた。ふたりの関係は非常にオープンだったので、フレイヤとフレイの近親セックスの現場を神々に目撃されてしまったことすらあるらしい。

　これほど多くの相手と肉体関係を結んでいるフレイヤだが、驚くことに彼女は独身ではなく、正式な夫がいる。フレイヤの夫の名前はオーズといい、旅が好きなことで知られている。オーズはその性質から、ひとつのところにとどまることがないので、フレイヤは近くに夫がいないのが淋しくなり、夫を追いかけて世界を

巡ったという神話が残されている。このときフレイヤは夫を追いかけながらあちこちで涙を流した。このときの涙が地面に染みこんだものが、世界中に散らばる金鉱脈の源になっているという。

もっとも、愛人たちとのお遊びがあまりにひどいということで、オーズはフレイヤと離婚してしまっている。オーズがたびたび家をあけるからフレイヤが男をあさるのか、フレイヤの不倫を見たくないから家を空けがちになるのか。本当の理由は神話では語られていない。

美しさのためなら体を売るのもかまわない！

男あさりがライフワークである女神フレイヤ。しかしいかに彼女が淫らだとはいえ、自分が気に入った相手とだけセックスしているぶんには、「気の多い女神」で片付けることができなくもない。しかしフレイヤは、場合によっては、気に入った相手以外ともセックスをするのである。

フレイヤが世界を旅しているとき、4人の小人が住む家に立ち寄ったことがあった。小人たちはドヴェルグという種族で、ちょうど白雪姫の「七人の小人」を醜くしたような外見だと想像してもらえばいい。彼ら4人は金属細工の職人であり、黄金で作ったとても美しい首飾りを作っていた。後にフレイヤの宝物として有名になる魔法の首飾り、ブリーシンガメンである。

フレイヤはその美しさに心を奪われてしまい、ぜひそれを売って欲しいと願うが、小人たちは「売り物ではないのでお譲りできない」と拒絶する。どうしてもあきらめきれないフレイヤが再三再四お願いすると、小人たちは「女神様が我々とセックスするなら別ですが」と漏らしてしまった。

神をも魅了する美しい首飾りが、一晩セックスするくらいで手に入るなら安いもの、とフレイヤは考えた。愛と美の女神と一夜をともにする権利など、お金や物で買えるものではないはずなのに、フレイヤは何のためらいもなく、その身を醜い小人たちに差し出したのだ。こうしてブリーシンガメンの首飾りはフレイヤのものとなったのである。

尻軽ぶりが知れ渡ってもそれでも女神は大人気！

フレイヤという女神に貞操観念がかけらもなく、あちこちの男をつまみ食いしまくっているという事実は、神々だけでなく世界中に知れ渡っていた。なんと神々

の敵である巨人族の女性からも、「スカートのなかに何人もの男を潜り込ませている」とバカにされるほどだったのだ。これだけすごいと、あまりの淫らさに失望されたり敬遠されるのではないかと思うのだが、それでも北欧神話の世界で、各種族の男性からのフレイヤ人気はとどまるところを知らなかった。

あるとき、神々のなかで武力において最強を誇る雷神トールが、自慢の武器である「ミョルニル」というハンマーを盗まれてしまった。犯人は巨人族の男で、「ハンマーを返して欲しければ、女神フレイヤを俺の妻によこせ」と言い出したのだ。不倫があまりにひどすぎて離婚されてしまったフレイヤを妻に迎えようというのは、肝が据わっているものだと感心してしまう。

この申し出に対して、フレイヤは断固拒否。美しい首飾りのためには体を売ったフレイヤだったが、他人の持ち物を取り戻すために体を使う気はないのか。あるいは「結婚」ではなく「セックスさせろ」なら引き受けたのか……想像はともかくフレイヤに拒否されてしまった雷神トールは、仕方なく自分が女装してフレイヤになりすまし、ミョルニルを奪い返すという作戦に出る。

アース神族屈指のマッチョマンであるトールが変装した偽フレイヤは不自然きわまりなく、巨人たちの本拠地でもボロを出しまくりだったが、なんとかトールは巨人たちをだましてミョルニルを奪還できたという。

名前が変わってもやっぱりセックス 魔女グルヴェイグのお話

北欧神話に、グルヴェイグという魔女のお話がある。これはアース神族とヴァン神族が、まだ同盟を結んでいないころのお話である。

グルヴェイグはおそらく、フレイヤたちとおなじヴァン神族の女神だったと推測される。彼女は家々を回って魔術を使っていたが、アース神族の神にそれをとがめられ、捕らえられた。

アース神族の神々は、グルヴェイグの体を槍で3回貫き、その身を3回炎で焼いたが、グルヴェイグはそのたびによみがえって死なず、ついに神々はグルヴェイグを殺害することができなかったという。

この事件をきっかけに、アース神族とヴァン神族のあいだで抗争が始まった。長い戦いのあとに両神族は和解し、おたがいに人質を送って友好の証とすることになった。このときアース神族のもとにやってきたのが、女神フレイヤとその兄フレイなのである。

……ちなみにこの神話、裏の事情が隠されているという意見が根強い。

まず神話に出てくるグルヴェイグという女性。彼女の正体はフレイヤだという説が根強い。確かにフレイヤは魔術の達人であり、殺されても死なないような魔術をかけることもできるだろう。

次に、こちらは定説ではないが、「神々がグルヴェイグを槍で貫いた」という表現について。比較神話学者の水野知昭博士によれば、北欧では物事を説明するときにたとえ話を多用し、直接的な表現を避ける文化がある。つまり「槍で貫いた」というのは文字通りの意味ではなく、男性なら誰もが両足のあいだに持っている槍、すなわちペニスによってグルヴェイグを貫いたという意味ではないかというのだ。つまりこの神話は、アース神族の神々による、ヴァン神族の女神（おそらくは女神フレイヤだ）の集団レイプということになる。

どちらの「ウラ事情」も確実なものではないため推察の域を出ないが、別の名前で登場しても、フレイヤはセックスと切り放せない存在のようだ。

無駄飯喰らいじゃない フレイヤの大事な役割

ここまでの神話を見ると、フレイヤは神々に迷惑ばかりかけていたように見えてしまう。実際迷惑をかけていたのは事実なのだが、彼女も一方的に迷惑ばかりかけていたわけではない。彼女は役に立つところでは役に立つし、そもそも彼女には、北欧神話の未来を守るという大事な役目があるのだ。

「役に立つ」ための武器は、得意の魔術である。特に恋のお悩みを相談させたら、愛と性の女神であるフレイヤにまさる者はいない。彼女は神々だけでなく人間からの相談にも乗ってくれる。

また、フレイヤは豊穣の女神であるため、彼女の加護を受けた土地は豊作になり、家畜は多くの子供を産む。彼女はこの一点において、世界の繁栄を支えていると言っても過言ではないだろう。

そして「未来を守る大事な役目」とは、死者の魂を管理することである。

北欧神話では、将来的に世界が滅亡することが予言されている。しかし最高神オーディンは、その予言をひっくりかえすため、最終戦争でオーディンたちの兵士として戦う、勇敢な戦士の魂を集めているのだ。

フレイヤは世界中から集まった戦士の魂の半分を受け取り、来たるべき戦いにむけて鍛えあげるという役目を持っている。北欧神話の世界が滅びをまぬがれるかどうかは、死せる戦士の魂を集めて鍛えあげている、オーディンとフレイヤの働きにかかっているのである。

信仰していた民族がエロいのでフレイヤもエロい女神になった

フレイヤが近親相姦もオッケーの超淫乱女神になった理由は、現実世界の人間たちに原因があると思われる。

端的に言うと、オーディンを信仰する民族とフレイヤを信仰する民族は別の民族だった、という仮説である。

淫蕩の真相 ヴァン神族＝古代北欧先住農耕民族か

北欧神話の物語では、フレイヤたちヴァン神族と、オーディンたちアース神族が、戦争をしたのち、おたがいに人質を送り合って和解するという神話が語られている。この神話が、現実世界で起きた戦争と和解をもとに作られたものではないかという疑惑があるのだ。

もともと北欧神話を語り継いでいたのは、男性の家長が一族を率い、略奪と農耕を両方行うゲルマン人だ。ゲルマン人は現在のドイツで生まれた民族であり、彼らが北欧地方に広がっていくにつれて、その土地にもともと住んでいた農耕民族との対立があったことが想像できる。

つまりアース神族とヴァン神族の特徴は、現実世界での民族の特徴をそのまま備えていると解釈できるわけだ。

ヴァン神族の神々は、多くが作物の豊穣や家畜の多産をもたらす能力を持っている。また、ヴァン神族では近親相姦は常識で、フレイヤとフレイはなんの背徳感も感じずにセックスを楽しんでいた。

作物の豊穣にこだわりを持っていることから、ヴァン神族は、ゲルマン人が北方に進出したときに、現地ですでに暮らしていた農耕民族を神格化した存在であると推測できる。そしてその農耕民族には、特定の男女が夫婦を作るという文化がなかったり、有力者の家では血を薄めないための近親相姦が推奨される文化があったのだろう。

ちなみに神話では、アース神族とヴァン神族の戦争は、ヴァン神族がやや有利くらいのパワーバランスで進んでいたので、現実世界でもゲルマン人は先住民との戦いに相当苦労したと推測できる。神話が現実世界での経験から作られる以上、神話には、過去の歴史が反映されているのだ。

快楽で溺れさせてあげる
ルサールカ

英字表記：Rusalka
出典：スラヴ人の伝承

ヨーロッパの淫蕩な女神　Nasty goddess in Europe

　現在の東ヨーロッパからロシアにかけての地域には、スラヴ人と呼ばれる民族が住んでいる。彼らはアルファベットに似た「キリル文字」という独特の文字を使い、独自の文化や伝承を持っている民族だ。そんなスラヴ人の伝承に、ルサールカという女性型の魔物が登場する。彼女たちは、美しい外見で男性を誘惑し、水のなかに引きずり込んで殺してしまうのだ。

外見
長い金髪をもち、胸が大きい女性の姿で水辺などにあらわれる

服装
薄手の白い布一枚、あるいは全裸であらわれることが多い

出現時刻
月明かりの夜や、6月はじめの日中に、活発に活動する

行動パターン
人間を水中に引きずり込んで殺したり、土地に豊作をもたらす

　ルサールカの性質は、精霊であるとも怪物であるともいえ、人間を溺死させることもあれば、人間の女性に布の切れ端をもらって無邪気に喜ぶこともある。総合すると、きわめて危険だが、邪悪ではない存在だといえる。

　スラヴの人々は、ルサールカに殺されないように、そしてルサールカとうまくつきあっていくために、さまざまな知恵を言い伝えていた。彼女たちはスラヴ人の生活に密着した存在なのだ。

鮮やかな衣服を纏ったルサールカ。1877年、ポーランド人画家ウイトールド・プルツコフスキーの作品。

女神の淫蕩ストーリー

　ルサールカは、東欧やロシアの水辺にあらわれ、男性を水のなかに引きずり込んで殺す魔物である。だがその外見的特徴や手口は、ルサールカの伝承地域ごとにまるで異なるのだ。
　ここではまず、ルサールカの地域ごとの違いを確認したあと、ルサールカがどのようにして迂闊な男性を誘い込むのかを紹介していこう。

北は怪物、南は美女
ルサールカの南北格差

　スラヴ人の住む地域は、南は温暖なブルガリアから、北はほとんど北極圏に近いロシア北部まで、大きな寒暖差がある。そして南北によって、ルサールカの特徴もまったく異なる。
　北方地域のルサールカは醜い。外見は毛深い老女で、髪はぼさぼさに乱れ、垂れ下がった乳房を自分の肩に掛けている。服装はボロ服または全裸で、手には杖または火かき棒、杵（きね）などの長い棒を持っている。
　東方、ロシア南部のルサールカは、北方のルサールカと違って老婆ではなく、「娘」と呼んでいい若さである。白い衣を身にまとった長身で、癖のある長い髪を垂らし、常にうつむいているので顔は見えないという。
　南方、ルーマニアやブルガリアなどに伝わるルサールカは、北方や東方のルサールカとは違って非常に美しい。服装は全裸、白い衣、一張羅の婚礼衣装のいずれかで、頭に冠をつけていることもある。
　どれに会いたいかといわれれば当然南方の美人ルサールカを選びたいが、男性にとってはどのルサールカも、命を奪いにくる危険な存在であることを忘れてはならないだろう。

幸せに殺してあげる♡
南のルサールカはどう殺すのか？

　人間の殺し方や死に様も、南北によって異なる。
　北方のルサールカは、水辺を歩いている人間を、誰彼かまわず引きずり込む。そして水中で息ができずに苦しんでいる人間を、溺死するまでつつき回すのだと

いう。そのため北方のルサールカに殺された人間は、苦悶の表情になった状態で発見されるという。

南方のルサールカのやり口は、北方とはまったく違う。彼女たちは森を駆け回ったり木々の上でたわむれながら、近くを通りかかった男性に声をかける。このルサールカの声に振り向いてしまった男性は、彼女に水の中へ引きずり込まれ、「快楽をともなう死」に導かれるのだ。曰く、南のルサールカに殺された男性は、実に幸せそうな死に顔で発見されるのだという。

南方のルサールカが、どのようにして人間を殺しているのかは伝承でも語られていない。「幸せそうな顔」で死んでいるからには、単なる溺死でないことは間違いなさそうだが……本書としては「めくるめく快楽を味わったあとに殺される」という形を押したい。事実がわからないのであれば、少しくらい男の夢を見たっていいじゃないか！

文豪の創作意欲を直撃！ 近世以降のルサールカ物語

そもそもルサールカとはどのような存在なのか。精霊なのか？　魔物なのか？

一説によれば、処女の娘が不幸な死に方をすると、死後にルサールカに変わるといわれている。具体的には、水死者、自殺者、呪われて死んだ者、結婚を目前にして死んだ者などだ。これが正しいとすると、ルサールカは肉体を持つ亡霊のような存在ということになる。

死後ルサールカになってしまった女性のなかでも「結婚を目前にして死んだ」ルサールカは、特に危険な存在として恐れられている。未練の強さがルサールカとしての力の強さにつながると信じられていたのだ。

このように「不幸な女の子が美しい魔物になる」という伝説は、近世ロシアの文筆家たちの想像力を大いに刺激し、小説やオペラなど多くの作品が作られた。物語の多くは、「ヒロインの女の子が、婚約相手の裏切りなど不幸な理由で命を落とすが、彼女はルサールカになって、自分を不幸にした相手を水の中に引きずり込んで復讐を遂げる」というものだ。

異色の作品もある。チェコ人作曲家ドヴォルザークのオペラ『ルサールカ』は、人間の王子に恋をしたルサールカが、人間になって王子と結婚するが、結ばれるための誓いを王子が破ってしまい、ふたりは呪いの力で命を落とすという内容だ。この物語はアンデルセン童話の『人魚姫』と内容が酷似しており、ふたつの物語の関連性が研究対象となっている。

実は豊作を呼ぶ精霊だった？ ルサールカにまつわる儀式

　ルサールカが常に凶悪だとはかぎらない。ルサールカ伝承のなかには、彼女たちが西欧の妖精のように人間にイタズラをしたり、ルサールカが畑の作物を豊作にするのだという伝承も残っている。現在でも東欧には「ルサーリィ週間」というイベントがあり、そのなかでルサールカを自分たちの生活向上に活用し、まつりあげているのだ。

ルサーリィ週間とは？

　ルサーリィ週間とは、毎年6月のはじめにやってくる。キリスト教では「聖霊降臨祭」と呼ばれている祭りの時期のことである。

　ルサーリィ週間は、一年のなかでルサールカがもっとも活発に活動する時期だ。それまでの冬と初春の季節、ルサールカたちは水の中で暮らしていて、めったに人間の前にあらわれない。ルサーリィ週間になると彼女たちは水中から地上に出てくるのだ。そのためルサーリィ週間のあいだ、スラヴ人は畑や森や水場で仕事をするのをやめてしまう。これらの場所で騒がしい音を立てるとルサールカたちが怒るからだ。

　ただ遠ざけるだけでなく、ルサールカを活用しようとする試みもある。ルサールカは夏のあいだ、野山や畑を自由に駆け回って遊ぶのだが、ルサールカが通った畑は作物が豊作になるという。これはルサールカが水の精であり、作物に十分な水分を与えるからだと解釈されている。そのためルサーリィ週間になると、人々はワラでルサールカに見立てた人形を作り、それを持って森の中の水場から畑まで歩くのだ。

　それ以外の儀式の内容には地方ごとに違いがあり、たとえばルサールカ役の女の子を選び出して賑やかに畑へ向かう地方、儀式の最後にわら人形を解体して畑にバラ播く地方などがある。

　ただしどの地方でもこの儀式は、畑の作物が豊作になることを祈願する儀式であり、ルサールカの害を避けるために行われるものではない。こう考えるとルサールカは、人間に「溺死」という害を与える反面、豊作という利益も与える、気むずかしいパートナーのような存在なのかもしれない。

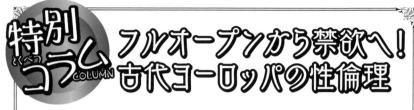

特別コラム フルオープンから禁欲へ！古代ヨーロッパの性倫理

この「ヨーロッパの淫蕩な女神」の章で紹介したのは、ほとんどが1500年以上前に生まれた神話の女神だ。それ以降の「淫蕩な女神」がいないのはなぜか？　その裏側には、ヨーロッパの性倫理の劇的な変化があった。

開放的だった古代ヨーロッパの性

ヨーロッパ文明の礎となったのは、世界帝国「ローマ帝国」である。そしてローマ帝国は、古代ギリシャの文化を取り入れて成長した。

古代ギリシャの「性」は、開放的なものだった。有名な哲学者プラトンは、著作『饗宴』において、性欲や愛欲とは何であるか、同性愛までも含めたオープンな議論を交わしている。また古代ギリシャには「ヘタイラ」という神聖娼婦がおり、大変な高給取りで社会の尊敬を集めていた。

性にオープンなギリシャ文化はローマ帝国にも受け継がれた。ローマの名物「公衆浴場(テルマエ)」は混浴で、男女が快楽にふける場としても活用された。また火山灰に埋もれた都市ポンペイの遺跡からは、性的サービスの内容を説明したモザイク画を、公道沿いの壁面に飾りつけた娼館が発掘されている。

キリスト教の禁欲が全土に広まる

108ページでも説明しているが、キリスト教は「肉欲を否定する」宗教だ。

キリスト教の聖典のひとつ『旧約聖書』では、神によって最初に作られた人間アダムが、神の命令にそむいて「知恵の実」を食べてしまい、子々孫々にわたって消せない罪「原罪」を背負うことになってしまった。聖書には「原罪」の具体的内容は書かれていないが、キリスト教の修行者たちは、美しい異性を見ることで理性を失わせる「性欲」は、原罪のひとつであると考えた。彼らにとって唯一許されるセックスは「子作り」であり、快楽を目的とした自慰や性交はすべて罪とされた。

のちにキリスト教がローマ帝国の国教になると、淫らな行為の舞台となっていた公衆浴場は閉鎖された。そしてキリスト教により、セックスを禁忌、汚らわしいものとみなす西洋文化が確立したのである。

中東、アフリカの淫蕩な女神

Nasty goddess in Middleeast & Africa

元祖！ 性愛の女神
イシュタル

英字表記：Ishtar
登場神話：メソポタミア神話
別名：イナンナ

メソポタミアの神話に登場する金星の女神イシュタルは、豊穣、性愛、美、戦争の女神として篤い信仰を受けた。彼女自身も夫を持ちながら、120人もの恋人を持っていたと言われる。

イシュタルの神殿においては、聖なる巫女「神聖娼婦」たちが信者と交わり、女神の加護を与えたという。

中東、アフリカの淫蕩な女神
Nasty goddess in Middleeast & Africa

山と星の冠
イシュタルは金星の女神であり、星のついた山形の冠を身につける

戦争の女神
イシュタルは戦争の女神でもあり、武装した姿で描かれることもある

豊穣の女神
大地母神の属性を持ち、地上に多産と豊かな実りをもたらす

ライオン
ともに描かれるライオンは、彼女があげた武勲をあらわす

イシュタルは、古代メソポタミア全域で信仰された女神である。創造神話「エヌマ・エリシュ」に取り込まれ、広く信仰された。

バビロニアの太陽神マルドゥクの妹で、夫は羊飼いドゥムジ。姉は地下世界の支配者エレキシュガルだが、仲が悪い。ウルク市の守護神でもあり、彼女の神殿は「天と地を結ぶ絆」と呼ばれたジッグラト（聖なる塔）である。

「バーニーの浮き彫り」と呼ばれる古代メソポタミアの彫刻。長らくイシュタルの像だと信じられてきたが、現在は別の中東の女妖怪を描いたものだとする説が有力になっている。

女神の淫蕩ストーリー

イシュタルは、ひたすらにわがままな女神である。
世の中が自分の思い通りにならないのが許せない。
自分が目をつけたいい男が、自分になびかないのが許せない。
肥大化したプライドは、ちょっとしたことで爆発する。彼女はセックスと戦争で、世界に混乱をもたらすトラブルメーカーなのだ。

 ## お金と愛人は多ければ多いほどいい！

イシュタルは性愛の女神だったので、いくらセックスをしても疲れることがない。彼女は尽きない性欲を満たすために多数の恋人を作り、日々恋人をとっかえひっかえしていた。これはさすがに父神から怒られ、イシュタルはふたりの候補者から正式な夫を選ぶことになったのだった。

イシュタルの夫の候補者は、羊飼いのドゥムジと農夫のエンキムドゥのふたりだった（ちなみにこのエンキムドゥは、有名な神話『ギルガメッシュ叙事詩』に登場する野人エンキドゥとは別人である）。

イシュタルはふたりの候補者のうちエンキムドゥに興味をもち、彼を誘惑するために着飾って出かけようとしたが、水鏡に写った自分の姿が美しかったからというその場の思いつきで、天空の神エアを誘惑しようと思い立ち、彼の城に行って酒を飲むことにした。おい、婿を誘惑するのが目的だったのではないかと突っ込みを入れたくなるが、イシュタルにとっては平常運転なので、彼女の神話を読むときは動揺せず、ありのままを受け入れることが肝要だ。

ともかく、天空神エアは美しい女神の来訪に喜び、盃を重ねてよい感じで酔っぱらってしまった。そしてエアは酒の勢いで、「メ」と呼ばれる宝をすべてイシュタルに与えてしまった。これは世界を支配する権利のようなものだとも、美しい装身具だとも言われるが詳細は不明。ともかく、あとで素面（しらふ）に戻ったエアは宝を取り戻そうとしたが、すでにイシュタルは本拠地の都市ウルクに戻ってしまっており、エアは彼女の権利を認めるしかなかった。

「ちょっとついでに」ひっかけた男から、とてつもない宝を手に入れてしまう。まさにイシュタルは、魔性の魅力を持つ女といっていいだろう。

冥界に下り、全裸で逆さ吊りに

　ちなみにイシュタルの婿選びは、エンキムドゥが遠慮して花婿の座をドゥムジに譲ってしまったので、イシュタルはドゥムジと結婚することになった。ふたりの夫婦仲は良好だったようだが、しばらくしてドゥムジは死んでしまう。死因は不明だが、もしや腹上死か？　などと邪推したくなるところだ。

　夫が恋しいイシュタルは、ドゥムジを取り戻すことを決め、姉の待つ地下世界への坂道を下りはじめた。バビロニア神話では、死んだ者はイシュタルの姉「エレシュキガル」が支配する地下世界に送り込まれるのである。

　ところがエレシュキガルは、偉そうに光の神として君臨している妹が大嫌いなうえ、死んで冥界に降りてきた美男子のドゥムジを気に入っていた。そこで、「掟どおり対応せよ」と部下たちに命じた。彼女は憎たらしいイシュタルを、自分のホームグラウンドで排除する決断をしたのだ。

　地下世界に続く道には7つの門がある。イシュタルが門にたどりつくたび、地下世界の役人たちは「けばけばしい飾り物は禁止！」「服を脱げ！」などと文句をつけ、ひとつずつ装飾品や服を奪っていった。最終的に7つめの門をくぐったとき、イシュタルは素っ裸だった。イシュタルが身につけていた服や装備品は、彼女の神としての力そのものである。これを奪われたイシュタルは、大幅に弱体化させられてしまっていたわけだ。

　イシュタルの姉エレシュキガルは、このチャンスを待っていた。エレシュキガルは力を失ったイシュタルを悠々と捕らえ、全裸のまま逆さ吊りにしてしまう。さらに死神ナムタルに命じて60の病魔を浴びせる念の入りよう。

　さて、イシュタルは豊穣と光の女神でもある（そう！　ただのエロの女神ではないのだ！）。そんな彼女が冥界に囚われたらどうなるか。地上は闇に包まれ、新しい生命は生まれず、神も人も大いに苦しむことになってしまった。

　この惨状を見て、天空神エアはイシュタルの危機に気付く。自業自得とはいえ宝まで奪われたというのに、彼は世界のためにイシュタルを救わざるを得ない。エアは新しく造り出した神を冥界に送り込み、イシュタルに「生命の水」を飲ませる。水の力でイシュタルは復活し、エレシュキガルの仕打ちを徹底的に糾弾した。本来ならば口より先に手が出てしまいそうな状況だが、彼女の目的は夫ドゥムジを取り戻すこと。まずは交渉をしなければならない。

　最終的にエレキシュガルとイシュタルは、ドゥムジを姉妹で共有することにした。

ドゥムジは春から秋までイシュタルと過ごし、秋から春までは冥界でエレシュキガルと過ごすことになったのだ。哀れなことに、人生を激変させるこの決定に、ドゥムジの意志は一切反映されていない。

ギルガメッシュに猛烈アタック♡

そんなある日、イシュタルが地上を眺めていると、非常に美しい男が目に止まった。都市国家ウルクの王であり、怪物フンババを退治して帰還する途中のギルガメッシュである。

彼に夢中になったイシュタルは、多くの宝を贈り、自分の恋人になるように言ったのだが、ギルガメッシュは彼女の申し出を断った。なぜならイシュタルの恋人になる人物は、左のページで説明したドゥムジをはじめ、とにかくろくな死に方をしないのである。ギルガメッシュはそれを知っていたのだ。

ギルガメッシュに振られたことでイシュタルは激怒する。彼女はほかの神を脅迫して天の雄牛グガランナという怪物を作らせ、ギルガメッシュが支配する都市ウルクに送り込んだ。グガランナはウルクを荒らし回ったが、ギルガメッシュと親友エンキドゥに退治された。イシュタルは彼女にしてはめずらしく、意中の男をゲットしそこねたのであった。

世界に知られた
娼婦の守護神

イシュタルは性愛の女神であるのと同時に、娼婦の守護神でもあった。彼女の神殿には、若く美しい巫女たちが仕え、信徒たちと交わって女神の力を分け与えていた。この儀式は聖婚と呼ばれていた。

もともと聖婚とは、都市の王と豊穣の女神イシュタルが結婚することで、豊作や天候の安定を願う儀式だった。だがイシュタル神殿に寄進する者や、熱心な信徒たちもイシュタルとの結婚を望むようになったので、イシュタル本人のかわりに巫女（神聖娼婦ともいう）が性的なサービスを提供するようになったのだ。これは非常に名誉ある職業であり、貴族の娘など高貴な身分の女性が数多く含まれていたという。

また、イシュタルは同性愛にも寛容であり、イシュタルの神殿には、ガラと呼ばれる女装した男性司祭がおり、巫女たちとの聖婚儀式の受付事務を担当した他、同性愛性交や女装愛好者の希望にも応じていたといわれる。

イシュタルの神話には裏の意味が隠されている

女神イシュタルは中東で多くの人に信仰された人気者であり、彼女の祭りには国家の支配者をはじめとする多くの人々が集まった。

そのためイシュタルの神話を読み解くと、当時の中東の人々の暮らしや、征服の歴史、社会構造の変化など、多くの情報を読み取れるのだ。

淫蕩の真相 冥界下りは農業生活と歴史の神話

イシュタルはさまざまな分野を守護する女神だが、なかでも大事なのは、作物の豊作や動物の多産を守護する「豊穣の女神」だということだ。イシュタルが豊穣の女神だと言うことは、神話からも裏付けられる。

死んでしまった夫ドゥムジを取り戻すため、イシュタルが死者の世界「冥界」に下る「冥界下り」の神話。この神話は、中東における一年の農業サイクルを説明したものだという。

神話ではドゥムジは羊飼いだとされているが、その本質は植物の神である。植物神ドゥムジが地上から離れて冥界に行くという物語は、秋になると地上の草花が枯れる、つまり死んでしまうことを表現している。そして半年後、春になると、ドゥムジは冥界でのエレシュキガルとの生活を終え、イシュタルとともに暮らすために地上に帰ってくる。それと同時に地上では、昨年地面に落ちていた草花の種が発芽し、大地が緑に覆われるのだ。

ちなみに冥界下りの前日譚にあたる、イシュタルの婿選びの神話は、メソポタミア地方の支配者の移り変わりを説明した神話である。

イシュタルに提示されたふたりの婿候補のうち、羊飼いドゥムジは遊牧民をルーツに持つ都市国家バビロンを、農夫エンキムドゥは農耕民族である都市国家シュメールを擬人化したものである。神話では、農夫エンキムドゥはイシュタルとの結婚を遠慮し、羊飼いドゥムジがイシュタルの夫となった。これは遊牧生活で力をつけたバビロンの支配民族が、農耕地帯のシュメールを征服した歴史的事実を表現しているのだ。

イシュタルの神話には、世界の仕組みを説明する役割と、王朝の歴史を語り継ぎ、現王朝の統治の正当性を示す役目があったわけだ。

淫蕩の真相 イシュタルの近縁の女神たち

　イシュタルは、現在のイラク南東部にあった都市バビロンを中心に広く信仰された女神である。実はイシュタルは、バビロンの南東にある都市シュメールの女神「天空の女主人」イナンナを取り入れたものだ。太陽神を主神とするバビロンの信仰に合わせ、天空の要素が薄められているのが特徴だ。

　また、8ページで紹介したギリシャの女神アフロディーテや80ページのキュベレも、金星、愛と美、豊穣、戦争など、イシュタルと類似点が多い。彼女たちはみな、イナンナとイシュタルの系譜に連なる女神だといわれている。

淫蕩の真相 聖婚儀式が非難されたわけ

　イシュタルが淫らな女神だと見られがちな理由のひとつに、彼女の神殿で行われていた「聖婚」の儀式がある。

　69ページでも説明したが、聖婚とは、都市の王が豊穣の女神と結婚して、翌年の豊作を祈願する儀式のことだ。女神の代理は神殿の巫女が務め、しばしば実際に王とセックスをすることになる。この巫女が王の専有物となることはなく、彼女は（これも69ページで紹介した）神聖娼婦として、不特定多数の男性に聖なるセックスを提供することになる。

　ちなみに、このような性交による豊穣の儀式は世界各地に見られる。日本にも、豊作祈願の祭りで性交を真似た動きをするものがいくつもある。

　このような神聖娼婦や聖婚の文化は、のちに「淫らな風習だ」として非難されるようになった。それまでは聖なる儀式だったものが、悪しき淫らな儀式だと評価されるようになった理由のひとつに、社会構造の変化がある。

　21ページのガイアのところで紹介したとおり、大地母神信仰は、母親が生んだ子供を中心に一族を作る「母系社会」と密接に関係している。神聖娼婦は不特定多数の男性と交わるが、これは娼婦だけでなく一般女性も同じだった。生まれた子供は母親の一族の一員になるので、娼婦のように父親が誰かわからない子供を生んでも問題なかったのだ。

　しかし家長の男性を中心に一族をつくる父系社会では、女性が夫以外の男性とセックスをすると、生まれてきた子供が父親の種によるものかどうかがわからなくなってしまう。よって父系社会の女性には、夫以外と交わらない貞淑さが求められるようになり、神聖娼婦や聖婚儀礼は淫らなものだとして弾圧されるようになっていったのである。

復讐のために息子と交わる
ティアマト

英字表記：Tiamat
出身神話：バビロニア神話

現在の中東地方、イラク共和国にかつて存在した古代帝国「バビロニア帝国」。この国には、子孫との戦いに散って、世界の材料となった女神ティアマトの神話が残されている。

自分が産んだ子供たちに裏切られ、夫を殺された彼女が最後に頼ったのは「女の力」。すなわち、男を誘い、我が子を産む力だった。

謎の外見
実は外見が不明。神話から尻尾があることは確認されている

ドラゴンではない
竜のような外見だといわれることがあるが、これは間違い

神経質
風が吹いて水面が乱されるだけで夜も眠れないデリケートな体質。

穏和な性格
非常に穏健派で、子供たちを愛していたが、キレると怖い

中東、アフリカの淫蕩な女神
Nasty goddess in Middleeast & Africa

ティアマトはバビロニアの創造神話「エヌマ・エリシュ」に登場する原初の海の女神である。彼女は真水の神アプスーと結婚して交わり、多くの神々を産んで「すべての神々の母」となった。

神々が増えていくにつれ、世界が騒々しくなったことから、アプスーはティアマトの反対を押し切り、若い神々を皆殺しにしようとした。ところがアプスーは、知恵の神エアに返り討ちにされてしまった。

夫を殺したうえ、バカ騒ぎをやめない息子たちに怒ったティアマトは復讐を図るが、エアの息子である英雄神マルドゥクによって殺されてしまった。その死体はバラバラに引き裂かれて、世界の材料になったといわれている。

女神の淫蕩ストーリー

シュメル神話に登場する海の女神ティアマトは海水そのものを表現する存在だったが、子孫の神々が騒がしいことを叱ったとき、逆に夫を殺されてしまう。復讐を果たすために、女神が選んだのは「産む」ことだった！

これは、神々を滅ぼす強大な怪物軍団を産むために、息子のひとりとヤリまくった女神のお話である。

液体どうしが交わる混沌の女神

ティアマトは、メソポタミア文明の古代国家、シュメル、アッカド、アッシリア、バビロニアなどで信仰された原初の海の女神である。世界の形がまだはっきりしていないころ、海水の女神ティアマトは真水の神アプスーと交わって多くの神々を生み出した。バビロニアの創世記神話『エヌマ・エリシュ』によれば、アプスーとティアマトは互いの水をかき混ぜあい、若き神々を生み出したという。汁っけたっぷりの夫婦関係である。

このふたりから、息子のラフムと娘のラハムが生まれ、彼らは結婚して、天空の神アンシャールと地母神キシャールを生み出す。アンシャールとキシャールから、天空の神アヌ、大地の神エンリル、深淵の神エンキが生まれる。このアヌの息子が、のちの神話のキーマンとなる知恵の神エアである。

天空の神アヌが生まれたころから、世界は騒がしくなっていった。アプスーは真水の神だったので、アヌの生み出した風が水面をかき乱すのに我慢できなくなり、若い神々を滅ぼして静寂を取り戻そうと考えた。ティアマトは反対したが、執事のムンムに背中を押されたアプスーは神々を追い払うことを宣言してしまう。これに対して、知恵の神エアは水差しの水に魔法をかけ、それを飲んで眠りこけたアプスーを殺したのだ。

復讐のために自分の息子と交わる

アプスーが死んだあとも、ティアマトはじっと我慢し、過激な報復を控えていた。しかしティアマトの水の世界をかき乱す風はどんどん強くなり、ティアマトは昼夜

続く騒音に眠れなくなってしまう。ここにきてティアマトは、エアたちに対する復讐を決意した。息子である邪竜キングゥを夫として迎え、血の代わりに、血管を毒液で満たした11種の怪物を生み出した。復讐のためとはいえ、息子と子をなすのはこの時代でも十分なタブーであったが、混沌の母はもうためらわなかった。

ティアマトは、キングゥには「天命のタブレット」という道具を授けて、怪物の群れを率いさせた。この怪物たちを見ただけで、誰もが恐れおののいた。ティアマトが蛇のような姿に描かれるようになったのはこのあたりからで、11種の怪物のひとつである「七つ頭の大蛇ムシュマッヘ」は、彼女自身のことだという説もある。

死体がばらばらにされて世界の材料に

知恵の神エアは、天空の神アンシャールに「ティアマトが謀反を企てている」と告げ口し、息子マルドゥクを神々の大将に据えることに成功する。

やがて戦いがはじまり、マルドゥクは、魔法の網をかけてティアマトと怪物たちを取り押さえる。そのあと、控えさせておいた「凄まじい風」をティアマトにぶつけた。風の強さで口が閉じられなくなったティアマトに向けて、マルドゥクは矢を放った。矢は口から入って喉を通り抜け、ティアマトの心臓を引き裂いた。こうしてティアマトは死んだが、マルドゥクはさらに、メイスでティアマト頭蓋骨を打ち砕き、動脈を切り裂いた。

マルドゥクは祖母ティアマトの死体で、みごとな作品（世界）を作ろうと考えた。まず、ティアマトの体をふたつに引き裂き、その半分を持ち上げて天を、残り半分で大地を作った。頭の上に山を築いて動けなくしたあと、両目を貫いて、チグリス川とユーフラテス川の水源とし、乳房の上にも山を築き、刺し貫いて、チグリス川へと流れ込ませた。彼女の尻尾を天に投げ上げて天の川にし、彼女の太ももを用いて天空を支えたという。

マルドゥクは最高神になり、掟を定め、神々に役割を与えたが、その結果、神々の下で働く者たちが必要となった。そこで、キングゥを殺し、その血を使って野蛮な存在＝人間を作った。われわれ人間は、神々のために働かせる目的で作られた存在だったのだ。

なお、捕らえられた怪物たちのうち、殺されたキングゥ以外の者たちは、マルドゥクに降伏してその下僕になった。ムシュフシュはマルドゥクのペットにされ、聖獣としてバビロンの門に描かれるまで出世する。

海の母神から国王支配への変化

　ティアマトの神話は、女王に支配された母権制社会から、男性国王の支配する軍事国家への変化をあらわす最古の神話とされている。

　母と息子が交わり、魔物を生み出す姿は、古代の母系相続を神話という形で表現したものなのである。

淫蕩の真相　世界の母だったティアマト

　ティアマトに関する神話は、社会の支配者が女性から男性に移っていく過程を表す最古の神話である。もともと中東では、女神の生命を生み出す力が信仰の対象になっていたが、青銅器時代から徐々に、武勇で支配する男性英雄神へと王権が移っていき、鉄器の誕生とともに完成していく。

　ティアマトは塩水の女神で、海の女神であった。夫アプスーは淡水の神で、この二人の結婚は、ペルシャ湾で淡水と海水が混じったこと（汽水という）を表現すると言われている。ティアマトという名前も「すべてを運んだもの」という意味であるから、彼女は海辺において、あらゆる生命や漂流物を育んだ恵みの神であったのだ。

　メソポタミアでは、各都市国家が守護神を奉じており、神話の戦いは都市国家どうしの戦争を反映している。ティアマトを滅ぼしたマルドゥクはバビロン王朝の守護神で、天空と風と太陽の神である。エアはアプスーを殺し、その上に館を立てて女神ダムキナ（真実の妻）とのあいだにマルドゥクを作るが、そのとき、神々の力を注いで2倍の神力を持つようにした。その結果、マルドゥクは4つの目と耳を持ち、ふたつの頭を持つ異相となったという。これは、マルドゥクを信仰するバビロニアが水源地を支配し、沿岸部のシュメル系都市国家を征服して支配下においたことをあらわす。

　キングゥがティアマトから「天命のタブレット」を与えられて戦ったのは、女神イシュタルを信仰する王たちが女神の加護を受けていたことをあらわす。キングゥが母と交わったのも女神の加護をあらわす聖婚の儀式である。キングゥを倒してマルドゥクが「天命のタブレット」を奪ったことは、この地の支配権がシュメルからバビロンに移ったことをあらわすのである。

Hで応援！ がんばれ、がんばれ♡
ジャヒー

英字表記：Jahi
出典：ゾロアスター教の神話

　ジャヒーは、ペルシャ地方（現在のイラン）発祥の宗教「ゾロアスター教」の神話に登場する女悪魔である。

　ジャヒーという名前には「性悪女」「淫売」などの意味があり、人間男性を背徳的な官能へ誘惑したり、女性の肉体を穢すなどの方法で、善良な人間を悪の道に引きずり込む存在なのだ。

誘惑者
人間男性をたくみな色仕掛けで誘惑し、肉欲で堕落させる悪魔である

月経
ゾロアスター教徒が不浄として嫌う、月経をもたらした存在である

邪眼
世界の水の三分の一を枯らし、田畑を荒れ地に変える邪眼を持つ

応援上手
意気消沈した男性を勇気づけることに関しては右に出る者がいない

Nasty goddess in Middleeast & Africa
中東、アフリカの淫蕩な女神

　ゾロアスター教は「善悪二元論」という世界観を持つ。世界の万物は、善いものと悪いものでできているという考え方だ。神々も、善の勢力と悪の勢力に分かれて争っている。ジャヒーは悪の勢力に属する女神であり、あえて別の呼び方をするなら「女悪魔」という表現が適当である。

　悪の神々の首領は「アンラ・マンユ」という神である。彼の下には10柱弱の主要な悪の神と、無数の低級な邪神が集まっているが、そのなかで善の最高神アフラ・マズダは、ジャヒーのことを特に警戒している。なぜなら彼女は、世界から水を奪って作物を枯らしたり、精液を操作して、善良な夫婦のあいだに邪悪な子供を身ごもらせる力を持っているからだ。

女神の淫蕩ストーリー

　悪の最高神アンリ・マンユが率いる無数の悪神たちのなかで、ジャヒーはもっとも強力で、善の勢力に警戒されている存在だ。
　「淫売」「性悪女」などさまざまな悪名で呼ばれるジャヒーは、どのようにして世界を悪に染めるのだろうか。
　そして、彼女はなぜそのような強大な力を手に入れたのだろうか？

自分で産んだ息子と禁断の母子相姦！

　ゾロアスター教の神話世界には、善の最高神アフラ・マズダが率いる善の神々の勢力と、悪の最高神アンリ・マンユが率いる悪の神々の勢力がある。ジャヒーは悪の首領アンリ・マンユを産んだ母親であり、同時にアンリ・マンユの愛人でもある。もちろん自分の息子とセックスをすることが、ゾロアスター教において悪徳とされていることは言うまでもないだろう。

　そして、ジャヒーのまたの名は「淫売女」であり、世界中の売春婦たちを部下として従える悪魔だという。彼女は男性を色仕掛けで誘惑し、宗教上の禁忌を犯させて、人間を悪しき道に引きずり込む。彼女はすべてのゾロアスター教徒から、淫らな悪女として恐れられているのだ。

　そしてゾロアスター教では、女性がおよそ月に一度のペースで女性器から血を流す「月経」の現象は、このジャヒーのせいでもたらされた、悪しき現象だと定められている。

　ペルシャやインドなど南アジア、西アジア地域では、「月経」による出血が不浄のものだと考える共通の文化があった。

　特にゾロアスター教では、女性が月経によって流す経血を「悪の物質」だと考える。善良な家族を悪の物質で汚すわけにはいかない。そのため女性は、月経が始まってから流血が止まるまでのあいだ、家族と同じ建物に住むことは許されず、特別な小屋などに隔離されることになっていた。

　また、月経で出血中の女性とセックスすることも重罪であり、聖典『アヴェスター』では、月経中の女性と交わった男には、200回のむち打ちという、命に関わる重い刑罰が科せられていたという。

ママのHな応援で息子も元気にたちあがる！

　女性に月経をもたらしたり、男性を誘惑するジャヒーの能力は、彼女が生まれつき持っていたものではないらしい。彼女がこの能力を手に入れた経緯が、ゾロアスター教の神話に書かれている。

　あるとき悪の最高神であるアンリ・マンユが、心に深刻なダメージを受けたことがあった。善の最高神アフラ・マズダが作った「原初の巨人ガヨーマルド」を見て、そのあまりの出来映えのすばらしさに打ちのめされてしまったのだ。「こんなすばらしいものを作るアフラ・マズダに勝てるわけがない」と感じてしまったのかもしれない。

（なお、アンリ・マンユがその完成度にショックを受けたのは、原初の巨人ではなくアフラ・マズダが作った都市であるとか、人間という種族そのものであるという別バージョンの神話も残されている）

　アンリ・マンユのメンタルがボロボロになった影響で、悪の勢力は機能不全におちいってしまった。一説によればアンリ・マンユは、3000年ものあいだ放心状態になってしまったらしい。

　アンリ・マンユの部下たちは、自分たちの上司を元気づけようと必死になってがんばったが、まったく効果がなかった。そこで彼らはアンリ・マンユの母親にして愛人であるジャヒーのことを頼ることになる。

　ジャヒーはあらゆる手を尽くしてアンリ・マンユを励ました。神話にはその詳細は書かれていないが、もともと母親にして愛人であるジャヒーのこと。「アンリくん、がんばれ♡　がんばれ♡」などと言ってエッチなサービスをしたりもしたかもしれない。

　邪推はさておき、決め手となったのはジャヒーの約束だった。ジャヒーが「原初の巨人ガヨーマルドにあらゆる苦しみを与え、生きる希望を奪う」「アフラ・マズダのすべての創造物を攻撃する」と約束をしたことで、アンリ・マンユは気力を取り戻したのだ。ジャヒーの功績に対して、アンリ・マンユは「女性を月経で苦しめる力」と「人間を誘惑する力」を与えて報いた。また、アンリ・マンユ配下の悪神たちは、ジャヒーを首領アンリ・マンユに次ぐ存在として尊敬するようになったといわれている。

　ジャヒーはこのようにして、男性を誘う淫らな力と、女性を苦しめる穢れの力を手に入れたのである。

ジャヒーを生んだゾロアスター教の善悪論

ゾロアスター教は、世界が善悪の対立する概念でできていると教え、最終的に善の勢力が勝利することを目指す宗教である。つまりゾロアスター教の悪神たちの行いは、ゾロアスター教が生まれたペルシャ地方（現在のイラン）の倫理観を色濃く反映している。

淫蕩の真相 善の兵士を孕んで増やせ

ゾロアスター教の聖典『アヴェスター』が定めるところによれば、ゾロアスター教の信者にとってもっとも重要な任務のひとつに、「悪と戦う、善の兵士を増やす」ことがある。その実現のために何をすればよいか。善良な男性が、善良な女性と結婚して、多くの子供を産むことである。

ゾロアスター教では、善と悪は対立する存在だと教えている。それならば、善人から生まれ、善人に育てられた人間は善良に育つはずだ。しかし実際には、善良な両親に育てられた子供のすべてが善良に育つわけではない。中には悪に走り、罪を犯す者も出てくるのが当然である。

淫蕩の真相 托卵行為は絶対NG

善良な両親と善良な友人が育てた子供が、なぜ悪に走ってしまうのか？　それを説明するうえで、ジャヒーの「善人と悪人の精子を混ぜ合わせてしまう」という教義が、非常に便利だったであろうことは想像に難くない。なぜなら善人の子供が悪に走ったとき、ジャヒーの話を持ち出せば、「両親が実は悪だった」わけではなく、ジャヒーが妻の胎内に悪人の精子を流し込んで妊娠させたせいだと説明できる。子供の罪が親に及ぶことを避けることが可能になるのである。

ゾロアスター教では、女性の淫らな行為を厳しくいましめており、ひとりの女性が同じ日のうちに複数の男性とセックスした場合、その女性は殺さなければいけないと主張する。つまり産まれてくる子供の父親がわからなくなるような「托卵行為」を強く嫌うのだ。このような行為をする女性は、善良な男性の精液と悪しき男性の精液を混ぜ合わせ、善の勢力に悪しき子供を潜り込ませようとしている、ジャヒーの手先だとみなされてしまう。

息子は誰にも渡さない！
キュベレ

英字表記：Cybele
別名：クババ、アグスティス
出典：アナトリアの神話、ギリシャ神話

　ギリシャ神話の女神ガイアの神話（→p19）では、ガイアの夫の男性器が切断されるという痛ましい神話を紹介した。

　男性のシンボルであり絶対の急所、打撃されることを想像するだけで思わず縮こまってしまう男性器が、切断されて乱れ飛ぶ神話がトルコにある。

　アナトリア半島の豊穣の女神、キュベレの神話である。

帽子
城壁をモチーフにした円筒形の帽子をかぶった姿が一般的である

ライオン
ライオンを膝に乗せていたり、足元にしたがえていることもある

衣服
全身を、ゆったりとした白い布地で包んでいる

ザクロと鏡
手にはザクロや鏡を持っていることが多い

　キュベレは、アナトリア半島の内陸部のプリギュア地方で信仰されていた大地母神である。多産と豊穣の守護神であるほか、戦い、予言、病気の治癒などの加護も与える女神だと信じられていた。

　キュベレの発祥地であるアナトリア半島では、キュベレの神話は失われている。だが、キュベレ信仰が伝わったギリシャの文献に多くの神話が残っているので、この章では、ギリシャの文献を元にキュベレを紹介しよう。

古代ローマの富豪によって寄進されたキュベレ像。足元には2頭のライオンを従えている。紀元前3世紀の製作。ナポリ考古学博物館蔵。

女神の淫蕩ストーリー

　キュベレの神話には性の神秘とタブーがてんこ盛りである。両性具有、男根切断、母子相姦、処女懐胎に恋人殺し。これほどまでに性と流血にまみれた神話は世界的にもめずらしい。

　キュベレの神話には多くのバリエーションがあるが、ここでは古代ギリシャの資料に収録されている一例を紹介しよう。

近親相姦に恋人殺し！タブーまみれのキュベレ神話

　古代ギリシャの伝説によれば、女神キュベレは生まれつき異常な存在だった。彼女は男性器と女性器を両方持つ、両性具有の存在だったのだ。

　キュベレはもともと、ギリシャ神話の最高神ゼウスが地面に漏らした精液から生まれた、両性具有の怪物だった。ところが神々が男根を切り取ったため、キュベレは女神として成長することになった。

　一方、切り離した男根のほうはどうなったか。アフロディーテの誕生神話（→p9）にもあるとおり、神々の男根にはそれ単独で生命を生み出す力があるらしい。キュベレの切り捨てられた男根からは、スモモの木が育ち、やがて果実が実った。河の女神の娘がこのスモモをもぎとって膝の上に載せたところ、娘は妊娠。男の子を産み落とし、彼はアッティスと名付けられた。

　キュベレは、美しく成長したアッティスに恋をして、アッティスと何度もセックスした。キュベレが知っていたのか知らなかったのかは定かでないが、ともかく自分の男根が孕ませて生まれた子供とセックスをしたのだから、これは「母子相姦」ということになる。

引き裂かれたふたり女神キュベレの怒りが炸裂する！

　だが、ふたりの蜜月は長くは続かなかった。アッティスは親のはからいで、近隣の王の娘に婿入りすることになったのである。

　見合いの宴が進み、今まさに婚礼の歌がはじまろうとした瞬間。その場所に突然キュベレがあらわれた。彼女はアッティスを奪われることへの嫉妬のあまり、

見る者が正気を失うほどの恐ろしい姿に変わっていた。アッティスと、婿入り相手の王は、怒り狂ったキュベレの姿を見て正気を失ってしまった。そしてみずからの手で自分の男根を切断し、出血多量により死んでしまったのである。

愛するアッティスが死んでしまったことに、キュベレは強く悲しんだ。彼女は自分の父親であるゼウスに願い出て、アッティスの遺体が腐らないように願ったという。ゼウスはキュベレの願いを聞きとどけ、彼の肉体を、冬でも緑色の葉をつけつづける松の木に変えたとされている。

男根ちぎって女神に近づけ！血まみれのキュベレ信仰

さて、このような神話を持つ女神キュベレは、発祥の地であるアナトリア半島（現在のトルコ）で多くの人々に信仰されていた。その儀式は大変独特でめずらしいものである。

彼らは楽器の音に合わせて練り歩きながら、ムチをふるっておたがいの体を傷つけあい、流した血液を地面に吸わせる。そして、なかでも熱心な男性信者は、体を傷つけて血を流すだけでは満足せず、アッティスと同じように自分のペニスを切り落としてしまうのだ。

彼ら男根を切除したキュベレ神官は、ギリシャでは「コリュバンテス」と呼ばれ、この血濡れの儀式では女装をして練り歩くことになっている。そして隊列がキュベレ神殿に到着すると、彼らは女神キュベレと自分自身がセックスをするところを妄想し、恍惚にふけるのである。

地中海沿岸に広く伝わった大いなる母神キュベレ

キュベレは国際的にも非常に人気のある女神であり、ギリシャをはじめスペイン、イタリアなどにも信仰の痕跡が残っている。ヨーロッパでは、キュベレは真の名前を隠して「マグナ・マーテル」、すなわち「大いなる母」と呼ばれていた。その信仰はトルコから遠く離れ、アフリカ大陸の西の果てであるモーリタニアまで伝わっていたという。

しかし本場以外では、さすがにこれほど過激な儀式は行われなかったらしい。イタリアのローマでは、ローマ人が（男根を切除して）キュベレ神官になることは禁止されていた。そして「コリュバンテス」の儀式の代用に、牡牛の睾丸を切除して去勢したという記録が残っている。

淫蕩の真相 女神イシュタルから連なる愛と豊穣の系譜

　女神キュベレの神話は、現代人なら思わず目をそむけたくなるほど血なまぐさい。なぜこのような神話と信仰が生まれ、広まることになったのか。そこには地中海沿岸という独特の気候条件と、女神イシュタルから連なる大地母神の系譜があった。

淫蕩の真相　恋人殺しは中東の伝統

　キュベレとアッティスの関係を、物語的な装飾を排除して本質だけ話すと、「女神が男性と性的な関係になるが、トラブルのせいでその男性を殺してしまう」という内容になる。中東には、この形式の神話が非常に多い。ここで出てくる女神とは大地母神であり、実例をあげるなら66ページで紹介したイシュタルや、その原型とされるイナンナのことだ。

　地母神イナンナの信仰は、イラク南東部の古代都市ウルクで始まった。そこから彼女の信仰は、名を変え姿を変えて各地へ広まっていった。キュベレも明確にイナンナの系譜から生まれた女神だから、アッティスとの神話も、イナンナの「恋人殺し神話」のバリエーションだと考えられる。

淫蕩の真相　食糧となったアッティス

　アッティスが変化した松の木は、正確には「イタリアカサマツ」と呼ばれる種類である。このイタリアカサマツは、地中海世界において、食糧の供給源として非常に重要な樹木だった。松ぼっくりの中から採取される種子「松の実」は大粒で、脂肪分を豊富に含んでいたのである。

　地中海沿岸部は降雨量が少ないため、麦などの穀物の栽培に不利な環境である。そんななかで、荒れ地でも生育し、安定して食糧を与えてくれるイタリアカサマツへの感謝が、アッティスの神話が広まり、キュベレ信仰を地中海各地に広げる原動力になったであろうことは、想像に難くない。

イタリアカサマツの種子。アーモンドのように大粒で食べ応えがある。

女王陛下を満足させよ！ 性的な意味で！

セミラミス

英字表記：Semiramis
出典：アッシリアの伝説、ディオドロス『歴史叢書』
（紀元前1世紀シチリア）

　世界最大の征服者といえば、モンゴル遊牧民の帝王チンギス＝ハーンと、古代ギリシャの征服王アレクサンダーである。だが伝説の世界には、彼らに匹敵し上回るほどの女性の名が伝わっている。

　古代アッシリアの女王セミラミス。神の血を引き、富と文化と征服地、そして男の精……すべてをどん欲に求めた女性である。

圧倒的美貌
同世代のどんな女性も、彼女の美貌にはかなわなかったと伝えられる

政戦の天才
内政にも戦争にも天賦の才能を持ち、王国をおおいに拡大した

女神の娘
女神の娘であり、孤児から王妃となり、女王にまで出世した

残虐なる性豪
女王となり、多くの男と交わったが、交わるはしから殺害した

中東、アフリカの淫蕩な女神 / Nasty goddess in Middleeast & Africa

　セミラミスは、中東の伝説に登場する架空の女王である。考古学が未発達だった古代から中世にかけて、彼女は実在の人物だと信じられていた。

　彼女は魚の女神デルケトと人間男性のあいだに生まれた半神であり、統治者としても戦争指導者としても優秀だった。かのアレクサンダー大王も断念したインド遠征をなしとげ、世界七不思議「バビロンの空中庭園」を建造したと信じられていた。

反乱発生の報を聞き、髪をまとめるのを中止して対処にあたるセミラミス女王。1756年、ドイツの画家アントン・ラファエル・メンクス画。

女神の淫蕩ストーリー

　セミラミスは、両親不明のみなし子という地位から出世を重ね、女王となったばかりか、西アジア一帯を征服して大帝国を築いたとされる伝説上の人物である。ギリシャ人が書き残した彼女の伝説によれば、セミラミスは欲望に忠実で、どん欲に男あさりをする女王だったという。
　ギリシャ人が伝えたセミラミスの伝説を見ていこう。

鳩の娘から男たちがかしずく偉大な女王に！

　古代ギリシャの地理と歴史の文献『歴史叢書』によれば、セミラミスは湖の女神デルケトの娘である。ギリシャ神話の美の女神アフロディーテは、この女神デルケトの行いに腹を立て、デルケトが、デルケトに供物を捧げるイケメン男子に恋心を抱くように工作した。デルケトはその人間男子と交わって子供を生むが、それを恥じて相手の男を殺害し、子供を捨ててしまった。
　女神に捨てられた娘は死ぬしかない運命だったが、彼女は鳩の大群によって育てられた。のちに牛飼いが彼女を見つけ、王の家畜の管理人に預けた。彼は娘にセミラミスという名前をつけて自分の養女にしたという。
　捨て子から王宮の雇い人の娘へステップアップしたセミラミスだが、彼女の出世はまだまだ止まらない。彼女は美しい娘に成長し、王の補佐官であるオンネス総督に見初められてその妻となった。
　セミラミスが凄かったのは、彼女はただ美しいだけでなく、すぐれた知恵の持ち主だったことだ。内政を指示すれば並ぶ者なく、戦争で作戦をたてれば、かならず軍を勝利に導いた。そのうえ彼女は並ぶ者なき美女なのである。この女性を自分のベッドに引きずり込むことが、いかなる喜びになるか、妄想しなかった者はいなかったに違いない。
　そんな妄念に取り憑かれた男がひとり。オンネス総督の上司であるアッシリア帝国のニノス王だ。彼は最初はセミラミスの多才に興味を持っていたが、セミラミスの美しさのほうにやられてしまい、オンネス総督に妻を献上するよう命じるという暴挙に出た。オンネスはそれを承諾せざるをえなかったが、無念のあまり首を吊って自殺してしまったという。

ニノス王はセミラミスと結婚したあと、跡継ぎの長男をもうけてこの世を去った。この死については異説もあるがあとで紹介する。ともかくセミラミスは女王となり、捨て子の地位から至尊の冠をいただくことになったのだ。

究極の保身法は使い捨て！女王の男遊び

女王となったセミラミスは優秀な政治家であった。国力を高め、後世に残る偉大な建造物をつぎつぎと建築した。そして国内の開発が一段落すると、大軍を率いて外国の征服に乗りだしたのである。

セミラミスは遠征の拠点として巨大な宮殿を造り、そこから軍の指揮をとった。セミラミスは異常な軍才を発揮し、ペルシャ、エジプト、エチオピアと次々と他国を攻め落として支配下に加えていく。セミラミスは、作戦を授けて送り出した将軍たちの帰還を待ちながら、宮殿でありとあらゆる贅沢を楽しんだという。

人間の三大欲求といえば、食欲、性欲、睡眠欲である。もちろんセミラミスは性欲を満たすことにも熱心だった。彼女は自分の兵士たちのなかからハンサムな男を集めては、ベッドへと呼びだして奉仕させた。

ここで問題となるのがお相手の男性である。セミラミスにセックスで奉仕する男は、女王のお気に入りであり、ベッドにおいて秘密の献策をできる立場ということになる。つまりセミラミスの部下たちのあいだで、単なる女帝を悦ばせるご奉仕役であるはずの男の地位が上がっていき、内部で争いが起きたり、王となった男がセミラミスの地位を奪う危険性があるのだ。

これを防ぐため、セミラミスは巧妙で残虐な手法をとった。女帝とセックスした美男子は、しばらくあとに殺されてしまうのである。これで、セミラミスがセックスをきっかけに権力を奪われる心配はなくなったわけだ。

たった5日で王位簒奪!?セミラミス即位の異説

セミラミスが女王となった経緯には異説もある。それによれば彼女は娼婦出身で、王妃となったあとに王におねだりして、一日署長よろしく「5日間だけ王の地位に就く」というお遊びを了承させた。すると彼女は大宴会を開いて、わずか5日のあいだに家臣や民衆を籠絡してしまった。

部下たちの支持を集めた彼女は、王を逮捕して牢屋に送り、みずから女王となった。そして彼女は死ぬまで王位を譲らなかったという。

人類の歴史を知ろうとする好奇心が誇張された女王像を生みだした

　一代にして多くの歴史的建造物をつくりあげ、エチオピアやペルシャを征服し、しまいにはインドにまで軍を送ったというセミラミス。

　実際にセミラミス女王は、このような巨大な業績をあげたわけではない。いったいなぜ、彼女の行いはこれほど誇張されるようになったのだろう？

なぜギリシャ人が中東の女王を研究したか

　セミラミスの伝説を熱心に収集したのは、彼女を女王としたアッシリアの本拠地ではなく、古代ギリシャの学者たちだった。

　広く知られているとおり、古代ギリシャは学問が発達しており、ヨーロッパ文明の源流となった地域だ。だがその古代ギリシャ自身は、中東の先行文明から多くを学んで発展してきた歴史がある。つまりギリシャ人のインテリ層にとって、中東は文化先進地域であり、あこがれの対象なのである。例えるなら、日本人が中国の古代文明の歴史（「三國志」や「項羽と劉邦」など）にあこがれを持つようなものであろう。

　しかし、『歴史叢書』が書かれた紀元前のギリシャでは、現代のような考古学も発達しておらず、資料の集積も十分でないので、外国の歴史を知るためには伝聞に頼るしかない。その結果、歴史的事実は異なる伝説が集められ、ギリシャをはじめヨーロッパで事実として広められたのだ。

巨大化したセミラミス帝国

　現代の研究では、セミラミスの伝承は、紀元前9世紀末に実在したアッシリア王の妻、息子アダド・ニラリ3世の摂政として権勢をふるったサンムラマートという女性の業績をもとにしていると考えられている。

　実際にはサンムラマートは、生涯を通してイラクの統一など中東地方出の勢力拡大につとめており、「エジプトやインドにも遠征した」と記録するギリシャの文献とは事情が異なる。

　地元の人々が誇張して伝えていた伝説を、ギリシャ人が真に受けて、偉大過ぎる女王像を記録することになったと思われる。

旦那よりも兄が好き!

ネフティス

英字表記：Nephthys
出身神話：エジプト神話

エジプトのオシリス神話に登場する女神ネフティスは、次兄のセトと結婚したものの、姉のイシスとともに、長兄オシリスの復活に寄与した葬祭の女神である。セトと結婚して犬頭の冥界神アヌビスを産んだとされるが、実際には異なる。彼女は夫セトには拒絶され、兄オシリスを酔い潰して交わった過去がある。つまり彼女は近親逆レイプの加害者なのだ！

姉とそっくり
姉イシスとよく似ており、二人一組でオシリスを守る

翼の女神
兄オシリスを守る際は、腕に沿って翼をつけた姿で描かれる

泣く女神
彼女は髪を覆い、オシリスのために泣く姿で描かれることもある

神話では地味
世界を舞台に派手な活躍をする姉イシスと違い、地味な存在

中東・アフリカの淫蕩な女神 / Nasty goddess in Middleeast & Africa

ネフティスは大地の神ゲブと天空の女神ヌート（→p92）の次女である。オシリス、イシス、セトに続く末っ子で、オシリスがセトに殺されたあと、姉イシスとともに死体を集めて復活させたため、彼女は葬祭の女神となり、『死者の書』『ピラミッド・テキスト』など葬祭関係多数に登場する。

名前は「館の女主人」という意味で、姉のイシスが誕生や生命の守護神であるのに対して、ネフティスは死と終末を担当する。

右手をあげ、弔いの姿勢をとっているネフティス像

女神の淫蕩ストーリー

　エジプト神話は、世界中の神話のなかでも特に兄妹、姉弟による近親相姦が多く見られる神話である。だがネフティスの性遍歴は、そのなかでも群を抜いて特殊だ。彼女は兄である嵐の神セトと結婚したが、セトに性交渉を拒絶された結果、別の兄である豊穣神オシリスと交わった。つまり彼女は、自分の兄ふたりと特別な関係になった女神なのだ！

 ## 次兄に嫁ぐが、大好きなのは長兄だった

　葬祭の女神ネフティスは、大地の神ゲブと天空の女神ヌトが生んだ4人の神の末っ子にあたる。長男は冥界の神オシリス、長女は玉座の守護者である生命の女神イシス、次男は砂漠の悪神セトである。

　エジプトには、神や王のような高貴な家では、血脈を守るために兄と妹を結婚させるという伝統がある。そのため長男オシリスは長女イシスと、次男セトは次女ネフティスと結婚した。

　オシリスとイシスはラブラブ夫婦だったが、やがてオシリスは、セトの陰謀によって殺されてしまう。セトは邪悪な72人の手下を使い、オシリスを棺桶の中に押し込めて殺したあと、ナイル川に流してしまったのだ。泣き悲しんだイシスはナイル川流域を探し回って彼の遺体を発見したのだが、そこにふたたびセトがあらわれ、イシスが隠していたオシリスの遺体を14に切り刻んでナイル川に流してしまった。イシスはそれにも屈せず、遺体の破片をかき集めてミイラにして復活させたという。

　ではこの時、ネフティスはどうしていたかといえば……セトに協力してオシリスを倒すのに力を貸したという記述はない。それどころかネフティスは、オシリスが殺されたことにひどく悲しみ、イシスと協力してオシリスの死体を拾い集め、ミイラにして復活の儀式を行ったのである。自分の夫がやっていることを堂々と邪魔するとはどういうことだろう？

　その結果、ネフティスはイシスとともに復活の力を与える葬祭の女神として信仰されることになるのだが……ネフティスが夫よりも姉の夫を優先したのには、複雑な事情が隠されていた。

ふたつの兄妹カップルの
ドロドロ三角関係!

　オシリスとセトの争いの背後には、複雑な三角関係があった。

　ネフティスは、セトとのあいだに地獄の番人である犬頭の神アヌビスを生んだが、実際には、アヌビスの父親はオシリスだという。ある暗い夜、オシリスは妻のイシスと間違えて妹のネフティスを抱いてしまい、その結果、アヌビスが生まれたのだという。

　姉妹だけあって、イシスとネフティスの姿はよく似ている。双方とも、壁画では人間の女性像で描かれ、頭の上に乗せている飾り以外では区別できない。この飾りは実際に神々が身につけているのではなく、神々の名前をあらわす記号……いわばテレビ番組のテロップのようなものだから、これを取り外すとイシスとネフティスの外見にはほとんど違いがない。間違えてしまうのも無理はないのかもしれない。だが自分の妻を犯されたセトはオシリスを怨み、これがのちにセトを兄殺しに駆り立てることになる。

　別の神話では、ネフティスはセトと結婚したものの、暴力的なセトとのあいだがうまく行かず、オシリスと交わってアヌビスを生んだとも言われている。それも、オシリスを酔わせてセックスに及んだという。

　つまるところネフティスは、姉の旦那に勘違いで犯されたために夫婦生活が破綻したか、DV夫から逃げて姉の旦那に走ったということになる。どちらにしても不幸な女性だといえよう。

 ## DV夫と別れて
姉の子に授乳する

　さて、事情は神話ごとに違うが、妹ネフティスが自分の夫であるオシリスと交わったことについて、本来の妻であるイシスはどう思っていたのか。実はこの姉妹、このあとも特に喧嘩することなく、ピラミッド・テキストなどで一対の葬祭の女神として登場していく。

　ふたりはオシリスの死後、オシリスとイシスのあいだに産まれた神ホルスを支援し、神々の王権を奪ったセトに対抗している。また、ネフティスは産まれたばかりのホルスに母乳を与える「乳母」の役目も果たしている。

　ネフティスとイシスは、同じ男性に抱かれた姉妹として、オシリスの遺児を協力してもり立てていく道を選んだのである。

淫蕩の真相 ネフティスとイシスはもともとオシリスの妻？

神話というのは時間とともに変化する。
かつての神話では、ネフティスの夫はセトではなかった。
もともとイシスとネフティスは、ふたりでひとりの女神だったのである。

淫蕩の真相 本来は二人で一人だった女神たち

　もともと、ネフティスとイシスは二人で一組の女神だった。彼女たちは古代地中海で信仰された天空の女神で、両側から翼を差し伸べて、ファラオを祝福する姿で描かれていた。

　古い時代のエジプトには、ナイル川沿いに並ぶ、無数の都市国家があった。それがいくつかの大国に吸収されていく過程で、都市ごとに進行されたローカルな女神たちが、1柱の女神に集約されていく。

　その結果、女神イシスは「天界の母」「すべての男神と女神の女王」「大地と天界の女王」「生命の樹の女神」「ソティス、年を開始するもの」「神の母」「生命の貴婦人」「緑の女神」「パンとビールの貴婦人」「愛の貴婦人」「ナイル川の洪水の女創始者」「洪水の君オシリスの妻」など無数の呼び名を持つ「千の名前を持つ女神」となった。

　こうしてたくさんの属性を得たイシスだったが、イシスとネフティスはふたりでひとり、一対の女神として役割を分かち合った。イシスがあらゆる生命の母であり、夜明けの女神なので、ネフティスは死と日没を受け持ったのである。

淫蕩の真相 オシリス信仰に取り込まれたセト

　ネフティスがセトの妻となったのも政治的事情がある。

　もともと、セトは砂漠地帯で信仰されていた戦争の神で、オシリスやネフティスらの兄弟という設定はあとから追加されたものだ。ここまでの神話は、オシリス信者の勢力が強大だった時代に作られたが、セト信者の勢力も大きく、無視できるものではなかった。そこでオシリス信者たちは、ネフティスとの結婚でセトをオシリスの神話に取り込み、オシリスより下に位置づけるとともに一定の地位を与えたと考えられる。

夫の〇〇〇が入ったまんま
ヌゥト

英字表記：Nut
出身神話：エジプト神話

エジプトの天空の女神ヌゥトは、大地の神ゲブの妻である。
その肉体は、体内に星空が広がるなど天空そのもの。
エジプトでもっとも神聖な存在である太陽の運行にもかかわっている。
そんな大事な女神であるヌゥトだが、たったひとつだけ弱点があった。彼女は夫とのラブえっちにドはまりした性交中毒者なのだ。

星空の女神
ヌゥトは天空の女神であり、その体は星空になっている

大きな胸
雌牛、雌豚の異名をもらうほどの巨乳

女性上位の体位
夫である大地の神ゲブの上に覆いかぶさる姿勢を取る

太陽を産む者
彼女は毎晩、西の空で太陽を飲み込み、東の空で出産する

Nasty goddess in Middleeast & Africa
中東、アフリカの淫蕩な女神

天空の女神ヌゥトは、大気の神シュウと湿気の神テフヌトの娘である。兄である大地の神ゲブと結婚し、オシリス、イシス、セト、ネフティスを生んだ。

別名「天空の母」「空を覆う者」。死と農耕の神オシリスと、太陽神ホルスの2柱を中心とする神話「ヘリオポリス神話」において、世界の仕組みを説明するうえで重要な役割を果たす女神である。

横たわるゲブの上に覆いかぶさるヌゥト。そのあいだに大気の神シュウがいて、ヌゥトをゲブから引きはがしている。

女神の淫蕩ストーリー

　89ページでも紹介したように、エジプト神話では兄と妹の結婚が日常的に行われている。だがこのカップル、大地の神ゲブと天空女神ヌウトのラブラブっぷりは常軌を逸している。このふたりは天と地という本来距離感があるべきものの守護神でありながら、ポリネシアンセックスもびっくりの常時絡みっぱなし、挿れっぱなし生活を送っていたのだ！

女性上位でラブラブセックスが止まらない！

　古代エジプトの王家では血脈の純粋さを守るため、男性が女神の力を得るために、姉妹と結婚することがよく行われていた。兄妹の組み合わせが多いが、クレオパトラのように、姉弟の例もある。

　エジプト神話の場合、最初の創造神アトゥムは単身で、つまり、自慰によって放出した精液から、大気の神シュウと湿気の神テフヌトの兄妹を生み出し、この二人が交わり、最初の兄妹婚が始まる。そこから生まれた大地の神ゲブと天空の女神ヌウトは、父母の関係を見てそれが当然と思っているので、兄妹で結婚し、次々と子供を作った。のちに、世界を揺るがすオシリスとイシス、セトとネフティス（→p88）の兄妹カップルの二組である。

　ところが、子供が産まれてもゲブとヌウトはアツアツで、二人はぴったり重なったまま、交わったままであった。もはや子作りが目的ではない。単なる想像に過ぎないが、愛を確かめ合い、快感をむさぼり続けるのがふたりの目的になっていたのかもしれない。なにせ神々といえど、子供を産むためには、ペニスを女性器から引き抜かなければならないであろうから。

　子供が立派に育ってもラブラブ夫婦。近年問題になっている熟年離婚のおそれもなさそうで大変結構だが、神々にとっては夫婦仲を喜んでばかりもいられなかった。なにせゲブとヌウトは大地と天空そのものである。本来遠くに離れているべき天空と大地がぴったりくっついているのでは、子供たちが暮らす場所がない。おまけに毎日毎晩おこなわれる夫婦のプロレスごっこのせいで、世界はどったんばったんの大騒ぎなのだ。

　「いつまでやっとる、色ボケども！」と言ったかどうかは知らないが、彼らの父

親である大気の神シュウがさすがにキレた。シュウはゲブとヌトのあいだに割り込み、ヌトの体を上空にぐいっと持ち上げることによってふたり、すなわち天と地を引き離して、神々や動物、人間が暮らせる空間を作り出したのである。

しかし、それでもめげないのがこの夫婦である。父親シュウが胴体を引き離すなら、せめて手と足はくっついていたいと、ヌトが逆ブリッジのような体勢になって、おたがいの体温を交換したのであった。

父親に引きはがされたその後の夫婦の性生活

ゲブとヌトの夫婦を、大気の神シュウが引き離す壁画は、古代エジプトの遺跡のあちこちで発見されている。典型的なものは、92ページで紹介した画像のようなものだが、細部に違いがあっておもしろい。

ある壁画では、地面に横たわっているゲブの股間から、自分の膝くらいまでありそうな長さのペニスが、まっすぐヌトに向かって屹立しているところが描かれている。「そんなにヤリたいのか」と突っ込みを入れたくなるが、同時に、旦那がこんな立派なモノを持っているなら、妻が四六時中求めるのも納得できるというものだ。

また、ロンドンの大英博物館には、エジプトの神話を絵で描いたパピルス紙の資料が多数保存されているが、そのなかに「シュウに引き離されたせいで男根がヌトまで届かないことを悟ってあきらめたゲブが、その身を丸めて、自分の男根を自分の口で慰めようとする」様子が描かれているものがある。

古代エジプト人の性的な想像力の豊かさと、目を覆わんばかりの業の深さに、涙を禁じえない。

古代エジプトの棺は人類最古の抱き枕!?

話は若干変わるが、古代エジプトの高貴な人が入る棺には、内側外側にびっしりと神話画が描かれるのが常である。そして棺のフタの内側には、92ページの壁画のポーズと同じように、背伸びするように手足を上下に伸ばしたヌトが描かれている。古代エジプト人が何を考えてこれを描いたかはともかく、彼らは巨乳で性欲をもてあましている女神と向き合って棺で眠るのだ。

これはもしや、人類史上最初の「キャラ絵付き抱き枕」ではないか？　現代人の目線からはそう見えてしまう。

天体の動きを神話にしたらエロくなってしまった！

妻が夫の上にのしかかり、延々と夫と交わり続けるというエジプトの天空神話。どうしてもエロい目線で見ずにはいられないこの構造は、おそらく偶然の理由で生まれたものだと思われる。その原因は、エジプトの発展した天文学がきっかけだった。

淫蕩の真相　天空神が女性になったエジプト神話

　ゲブとヌトのように、混じり合っていた天空と大地がふたつにわかれ、現在のような世界になったことを説明する神話は世界各地にあり、「天地分離神話」と呼ばれている。

　例えばアフリカには、天空には神々が住んでおり、もともと天は手が届くくらい近いところにあったが、人間が神様にイジワルをしたせいで、神様がはるか上空まで逃げてしまったという神話が伝わっている。

　そもそも天地分離神話は「地面と空のあいだは、なんでこんなに広いのか？」という、人間の素朴な疑問を納得させるために作られたものだ。神話が世界のなりたちを詳しく説明できれば、その神話の信憑性を増すことにつながるので、天地分離神話は多くの宗教において、独自の形で語られてきた。

　話を戻すと、ゲブとヌトの神話は、数多い天地分離神話のなかでもかなり扇情的な内容になっている。これはおそらく意図したものではなく、エジプトの天文学が非常に進んでいたことと関係している。

　世界各地の神話では、天空神は男性、大地女神は女性であることが多い。なぜなら植物が芽を出したり、動物が子供を生むのは、「産む」機能を有する女性的な現象だからだ。だがエジプトでは天文学が発達して、太陽や惑星の動きが詳しく知られていた。これを説明するため、天の女神が毎晩「太陽を飲み込み、出産しなおして再生する」という理論が生み出された。

　そのためエジプトでは、天空女神が大地神の上に覆い被さる体位が必然的に選択された。他の神話なら大地に横たわって男性を受け入れる女神が、男性の上にいる。そのためわれわれ現代人は、騎乗位で精を搾り取る淫らな妻だという目線でヌトを見てしまうのである。

最高神は右手が恋人
ネベトヘテペト

英字表記：Nebethetepet
出典：ヘリオポリス神話
別名：ヘテペト

エジプト神話にはいくつかの種類がある。そのなかでももっともメジャーな「ヘリオポリス神話」では、世界のはじまりにアトゥムという神があらわれ、多くの神々を生んだという。

ネベトヘテペトは、このアトゥムの恋人として世界創造に協力した神なのだが、その方法はほかに類を見ない独特のものだった。

外見不明
エジプト人女性の姿で表現されるが、特徴は明確に定まっていない

世界誕生の触媒
エジプトの神話世界が生まれるためのきっかけを作った女神である

誕生神話1
創造神アトゥムの影から切り離されて独立したという神話がある

誕生神話2
創造神アトゥムの右手だけが女性になって独立したという神話がある

中東、アフリカの淫蕩な女神
Nasty goddess in Middleeast & Africa

ネベトヘテペトは、「供物の女王」「満足の女王」という異名を持つ女神である。その由来については、97ページで紹介する神話を読めば、きっと納得していただけるものと思う。

ちなみに彼女は「神」といっても、神話の整合性をとるために後付けで作られた概念的な存在であるため、彼女を単独で女神として信仰していた形跡は見られない。だが彼女の恋人である創造神アトゥムへの信仰が重要だったため、そのおこぼれをもらうように、いくつかの聖像が遺跡から見つかっている。

女神ネベトヘテペト、あるいは女神ネヘメタウィのものとされるブロンズ像。紀元前550年～前300年ごろの作品。ニューヨーク、メトロポリタン美術館蔵。

女神の淫蕩ストーリー

ネベトヘテペトは、エジプトの最高神かつ原初の神である創造神アトゥムの一部を切り離して神格化した女神であり、アトゥムとの交わりによって多くの神々を産み出したとされている。

この神話には複数のバリエーションがあり、それによってネベトヘテペトの役割が異なっている。それぞれの神話の内容を見ていこう。

パターンその1
自分TSで大興奮！

エジプト神話のひとつ「ヘリオポリス神話」によれば、世界のはじまりには原初の海だけが存在していた。そこにはじめて出現したのが、創造神かつ太陽神のアトゥムであった。

アトゥムは世界を創造するにあたり、新しい神々を作ろうとした。だがアトゥムは男性神であり、単独では子供を生むことができないのだ。

そこでアトゥムはひらめいた。自分一人で子供が作れないなら、自分がふたつに分裂してしまえばいいではないか！　アトゥムは早速、自分の女性的な部分を影として切り離し独立させた。そして切り離した自分の影の女性的なところを見て興奮して射精し、そこから新しい神々が生まれた。

つまり古代エジプトは、自己陶酔(ナルシズム)と性転換性癖(トランスセクシャリズム)の合わせ技、現代でいう「TS自分ヒロイン」によって創造されたのである。

パターンその2
右手が恋人なアトゥム様！

別のパターンの神話では、アトゥムが原初の神であることは変わらないが、ネベトヘテペトが「アトゥムの右手」だったことになっている。そしてアトゥムはこの右手（ネベトヘテペト）に股間をまさぐらせることによって興奮し、射精し、そこから神々が産まれたとする。

現代日本には、恋人のいない男性が自慰行為で性欲を解消することを「右手が恋人」と揶揄する表現がある。何千年も前に、右手の恋人で性欲を解消したアトゥム神は、モテない男性の大先輩かもしれない。

97

エジプトの「夫婦信仰」が不自然な女性神を生んだ

ネベトヘテペトは、アトゥム神の創世神話だけに登場し、ほかの神話にはほとんどと言ってよいほど登場しない。

どうして、アトゥムの精液を発射させるという、たったひとつの役割しか持たない女神が、きわめて不自然な設定で登場しているのか？ その裏には古代エジプト人の「夫婦」へのこだわりがあった。

淫蕩の真相 両性具有神による創造は決してめずらしくない

創世神話とは、われわれが住むこの世界が、まったくの無からどのように作り出されたのかを説明する神話である。おそらくもっとも有名なのは、キリスト教やユダヤ教の聖典である『旧約聖書』に紹介されている創世神話であろう。神が最初に天と地を作り出し、「光あれ」の言葉で光を呼びだしてから、6日間の創造作業のあとに1日の休みを入れるという、7日間での世界創造の物語が語られている。

もちろん他の神話にも創世の神話はあるのだが、『旧約聖書』のように神が1柱しかいない神話ではなく、複数の神が存在する多神教の場合、世界の創世作業を誰が行うのかというのが問題になる。なぜなら創世の神は、何もないところ、あるいはさまざまな要素が解け合った混沌の液体のなかから最初に生まれ出て、のちに続く神々を創造する特別な存在となるからだ。

世界を見渡してみると、創世を担当する神は無性別、あるいは両性具有であることがめずらしくない。例えば日本神話では、世界を創造したアメノミナカヌシは性別を持たない存在だと解釈されるし（日本列島を創造した

バチカン市国のシスティーナ礼拝堂にある、神による太陽と月の創造を描いた壁画。万能の天才ミケランジェロによる、16世紀初頭の作品。

イザナギとイザナミの夫婦神はその子孫である）、アステカの創造神オメテオトル、ハイチの創造神マウ・リサなどは明確な両性具有だ。ギリシャ神話では、神なのか物質なのかすらわからない存在カオスから、最初の女神ガイア（→p18）が誕生している。

淫蕩の真相 「男女一対」を重視するエジプト神話

ところが古代エジプト人は、この「無性別な存在からの繁殖」や、「男女両性を有する存在」という概念が、いまひとつ理解できなかったらしい。

というのも、古代エジプトは「夫と妻の男女一組」という組み合わせを、他の地域よりも強く特別視していたからだ。男性性と女性性が組み合わさることによって完全になる、これがエジプト神話の基本的な考え方である。

例えば古代エジプト王朝の王であるファラオは、人間と神のあいだをつなぐ特別な存在として神格化されていたわけだが……ファラオの継承は独特の形式で行われた。一般的にヨーロッパの王家や日本の貴族・武士は、当主の長男が後継者となって家を引き継ぐことが多い。だが古代エジプトでは、ファラオの継承権は、ファラオ夫妻から生まれた第一王女が持っている。そして第一王女の夫となった人物がファラオとなるのだ。

余談だが、このため歴代のファラオは、実の姉妹と兄弟婚をした者が非常に多い。実の兄弟による結婚は、ファラオの神聖な血筋を薄めないという意味でも歓迎され、推奨されていた。

淫蕩の真相 必要なので後付けされたネベトヘテペト

このように古代エジプトは、実際の権力は男性にありながら、世襲権力は女性の血筋からもたらされる「母系社会」だった。

そのため最高神アトゥムが女性と交わらずに子孫を作るという行為は、古代エジプト人にとって、女性の血筋から正当性を引き継がない、理解しがたいものだったと思われる。これはあくまで想像になるが、ほかの神に仕える神官から、男神が単独で子孫を作るという創世神話の不自然さを指摘されて、歯噛みするアトゥム神官も多かったに違いない。

そこでアトゥムの神官たちは、自分たちの創世神話に説得力を持たせるために、女性との交わりを取り入れたのだろう。創造神アトゥムの影から生まれた、または右手が神格化されて生まれたとされるネベトヘテペトは、このような理由で生まれたと考えられるのだ。

よい子の信者にもれなく支給

フール

英字表記：Hur, Houri
出典：イスラム教の聖典『クルアーン』

　もしも死後の世界があるとしたら、そこでの暮らしにあなたは何を望むだろうか？　尽きることのない美食？　退屈しない娯楽？　それらと並んで男性たちが望んでやまないのが、昼も夜も自分の思いのままになる美女である。
　その点、イスラム教という宗教は抜け目がない。イスラム教では、模範的な信者に、死後の世界でのセックスパートナーが与えられるのだ。

外見
髪は金髪、白い肌、大きな瞳を持つ、うら若き美少女である

永遠の処女
彼女たちは永遠の処女であり、セックスで処女膜が破れても再生する

名器
フールたちの女性器はとてつもない名器で、最高の快楽を提供する

強精効果
男性はフールとの性交では精力を消耗せず、永遠に勃起し続ける

　フールとは、信仰をまっとうした男性信者に与えられる女性型の生命体である。フールは古代アラビア語であり、ペルシャ語ではフーリーと呼ばれる。日本語では「天女」と訳される。
　フールは、神が死せる男性信者をもてなすために作り出した存在である。そのためあらゆる特徴が男性信者に都合がよいものになっている。彼女たちは若く美しく、性格も明るく、天国で夫に尽くす理想的な妻なのである。

ラクダの上に乗ったフールたちの絵。15世紀ペルシャの作品。パリ国立図書館蔵。

中東、アフリカの淫蕩な女神 / Nasty goddess in Middleeast & Africa

女神の淫蕩ストーリー

　天国で死者のセックスのお相手となるフールたちの存在は、なんとイスラム教でもっとも重要な教典『クルアーン』にも示されている。
　彼女たちはいったいどのような存在なのか？　そして天国ではどのようなセックスライフが待っているのか？　教典『クルアーン』の記述や、預言者ムハンマドの言行集からその正体を探ってみよう。

 ## エッチのために作られた！
男性を大満足させる完璧な美少女

　イスラム教の教典『クルアーン』によれば、フールたちは天国に行ったイスラム教徒の「パートナー」、つまりセックスのお相手をする妻のような存在である。彼女たちは人間ではなく、天国で暮らす人間をもてなすために神に作られた存在だ。そのため彼女たちは、人間女性よりも「性的な意味で」高性能に作られている。

　フールたちの外見は100ページでも説明したとおり理想的な美少女であり、永遠に若く、老いることがない。陰毛はなく、女性器の回りはツルツルである。また、排尿や排泄、月経などのわずらわしい生理現象からも解放されている。一部の特殊性癖の持ち主には残念なことだろうが、365日いつでもセックス可能というのは、大部分の男性にとって歓迎される「性能」であろう。

　また、イスラム教は処女とのセックスに強いこだわりを見せる宗教である。フールたちはみな処女であり、男性とのセックスによって処女膜が破れても、翌日には処女膜が再生している。男性はいつまでも、処女地を開拓する喜びを得ることができるわけだ。また、処女との性行為は気持ちよくないという俗説があるが、フールたちの性器は神によって「とてつもない名器」として作られているので心配はいらない。フールの女性器から得られる快楽は、現世で経験すれば気絶してしまうほどだという。

　また、彼女たちはいわゆる性処理人形ではなく、個性を持ち、明るく感情豊かな人格を持っている。そして夫に対しては甲斐甲斐しく尽くし、いざセックスとなれば情熱的に夫を求めるのだ。フールたちは、昼は淑女、夜は娼婦という、男性の理想を具現化したような存在なのである。

天国のような性生活を手に入れる方法

　この夢のような美少女を手に入れ、死後の世界をエンジョイするためにはどうすればいいのだろうか？　これもイスラム教の教典『クルアーン』や、イスラム教聖職者の問答集から情報を集めてみよう。
　『クルアーン』によれば、フールたちは、イスラム教の信者が死後に天国に行ったとき、神から与えられる。ただし『クルアーン』では、信者ひとりにつき何人のフールが与えられるのかは明確になっていない。
　フールの人数について熱心に語っているのは、イスラム教の最大宗派である「スンニ派」の学者たちだ。9世紀の学者によれば、イスラム教の預言者ムハンマドは「すべての人は天国で、2名の妻を持つ」と語ったという。ここでいうすべての人とは、天国に入る資格のある者、つまりイスラム教の唯一神アッラーを崇拝し、イスラム教の戒律を守って生きたすべての人である。つまるところ真面目なイスラム教徒はもれなく2名のフールを与えられ、望むなら毎晩3Pを楽しむことができるというわけだ。
　フールの人数はもっと多いとする説もある。『禁欲の本』と呼ばれる文献によれば、ひとりの信者に与えられるフールの人数は72人。これはもう王侯貴族のハーレムのような人数だ。ちなみに72人のうち2人は、その人物の生前の妻だという。生前に愛していた妻と一緒に暮らしつつ、若く美しい処女も食べ放題という夢の暮らしが待っている。
　なおイスラム教が定める天国では、信仰のために熱心に尽くした信者たちは、イスラム教の黎明期を支えた偉大な信者たちとご近所になり、いつでも彼らと語りあうことができると定めている。しかし、フールの割り当てについて、熱心な信者と一般信者に区別は見られない。イスラム教に入信すれば、誰でも死後のセックスライフが保障されるのである。

 ## 女性にはフールは与えられる？クルアーンの見解

　イスラム教は男性の性欲ばかりに向き合って、女性のことを軽視しているように見えてしまうかもしれないが、決してそのようなことはない。聖典『クルアーン』には、フールの保有が認められるのが男性だけだ、などという記述はどこにもない。つまり女性が性欲を満たすためのフールも存在するのである。

イスラム教黎明期の闘争が性に積極的な戒律の理由

　古代のユダヤ人が作った『旧約聖書』からは、ユダヤ教、キリスト教、イスラム教という3つの重要な宗教が生まれた。このなかでキリスト教は非常に禁欲的な宗教だが、同じ祖を持つイスラム教は、性に大変積極的な宗教である。この違いはなぜ生まれたのだろうか?

戦死者の続出が、一夫多妻や性行為の推奨を導いた

　そもそもイスラム教という宗教は、西暦610年ごろ、アラビア半島の住人であるムハンマドが、唯一神アッラーの啓示を受けて開いた宗教である。ムハンマドがイスラム教を開いた当初、イスラム教を信じる者は、ムハンマドの家族や一族を中心にした男女200名ほどにすぎなかった。

　ムハンマドのイスラム共同体はしだいに信者を増やし、周囲の勢力と対立するようになった。彼らは数え切れないほどの血なまぐさい戦闘を通じて生き残り、勢力を拡大していった結果、西はスペインから東はインドまで届く大国となり、それを母体に今日知られるような巨大宗教に成長していったのである。

　さて、戦いが多いということは、戦死者が多いということだ。戦争で戦死者が出ると、共同体にはふたつの問題が生まれる。ひとつは労働人口の不足。もうひとつは夫を戦いでなくした未亡人の存在である。

　イスラム教を弾圧する他勢力との生存競争に勝つためにも、イスラム教の信者を増やさなければいけない。そのためにはたくさんセックスをして子供を生むことが重要だ。そして戦争によって未亡人となった女性は、共同体によって保護されなければいけない。そうしなければ男たちは勇敢に戦えない。

　そのためイスラム教は、金持ちの男性が未亡人を第二婦人、第三婦人として受け入れて養うことを推奨した。人間女性は1年間にひとりずつしか子供を妊娠できないが、妻が複数いれば同時に複数の子供を産めるわけだから、人口を増やすうえでも都合がよい。

　だからイスラム教は、セックスをよいものだとして推奨し、男性ひとりあたり4名の妻を持つことを公式に認めているのである。天国において複数のフールと結婚できるという教義も、この文化にのっとったものなのだ。

上に乗るのはアタシのほうよ！

リリス

英字表記：lilith、lilim
出典：旧約聖書『イザヤ書』、
『ベン・シラのアルファベット』など

　リリスは、キリスト教の伝説に登場する女性の悪魔である。その起源は2000年以上前、キリスト教誕生以前までさかのぼり、もともとは中東地方の神話に登場する天の女王「リル」だったと考えられている。

　中世以降、ヨーロッパのキリスト教社会では、リリスは女悪魔の代表格として恐れられてきた。

外見不詳
リリスの髪や肌の色などの外見は、明確に定まっていない

楽園の蛇
リリスは、最初の人間アダムをだました蛇とともに描かれる

フクロウ
リリスはしばしば、フクロウと関連づけられることがある

誘惑と破滅
リリスは眠っている男性の夢に入り込んで、精液と血液を奪うという

中東、アフリカの淫蕩な女神 / Nasty goddess in Middleeast & Africa

　キリスト教徒やユダヤ教徒は、リリスを「子供の命を奪う存在」として恐れてきた。幼いために体力と免疫力が弱い子供たちが、ふとしたことで命を落としてしまうのは、リリスやその眷属に攻撃されたからだと考えたのである。

　またリリスは、人間男性の夢のなかに入り込んで、悪夢を見せて苦しめたり、精液や血液を奪うという、いわゆる「夢魔」に近い性質を持つと信じられていた。

イギリス人画家ジョン・コリアによるリリス（1892年制作）。身体に巻き付いた蛇は、『創世記』の物語でエヴァをだまし、知恵の実を食べさせた蛇をイメージして描かれたもの。

104

女神の淫蕩ストーリー

　中世ヨーロッパの伝承において、リリスは、最初の人間であるアダムの「最初の妻」だったと考えられている。だが聖書によれば、人類の祖先は「アダムとエヴァ（イブ）」だと書かれている。
　伝承によれば、アダムとリリスの夫婦は子供を作らないまま離婚してしまった。その理由は、なんと「セックスの不一致」だったというのだ！

人類初の離婚理由は「体位が気にくわない」！

　『旧約聖書』の一編で、世界の創造を描いた『創世記』によれば、神は7日間で世界を創造し、その6日目において人間の男女を産みだした。ところがそのあとに、神が最初の男性アダムの肋骨を引き抜いて、その肋骨からエヴァ（イブ）という女性を作り、アダムの妻にしたという記述がある。
　それでは、世界創造の6日目に作られた最初の女性はどこへ行ってしまったのか？　8世紀ごろにまとめられたとされる書物『ベン・シラのアルファベット』に、この疑問を説明する伝説が掲載されている。それによれば、神が最初に作った女は、エヴァではなく、「リリス」という女性だ。
　神はリリスをアダムの妻にするために作った。当然夫婦であるから初夜を迎えなければならないのだが……ここで大きな問題が起きてしまった。リリスが、アダムとのセックスを拒否してしまったのだ！
　物語が伝えるところによると、アダムは、リリスを寝かせて、自分がその上に覆い被さる体位……つまり現代でいう「正常位」でリリスとセックスをしようとした。ところがリリスは、正常位でのセックスを拒絶したのである。リリスいわく、「自分はアダムと対等の存在であり、あなたの下にはなりたくない」というのが拒絶の理由であった。

「平等セックス」を悪魔と楽しもう！

　アダムとのセックスを拒否したリリスは、天上の楽園「エデン」を去り、アラビア半島とアフリカ大陸のあいだにある「紅海」のほとりに降り立った。そしてリ

リスは、その地で暮らしていた悪魔たちと交わりまくり、無数の子供を産んだとされている。

物語には、リリスが悪魔とセックスを繰り返してたくさんの子供を産んだという事実だけが書かれている。だがアダムとの経緯を考えると、リリスが悪魔たちとどのような体位で交わったのかが気になるところだ。

アダムとの離婚理由にもなった「正常位」で交わらなかったことは確実だろう。であれば、女性が男性の上に乗る「騎乗位」で悪魔たちの子種を絞り尽くしたのか？ いや、それでは男女の上下関係を入れ替えただけで「対等の存在」とはならない。となると男女が対等となるアクロバティックな体位で交わったのか……いずれにせよ物語は答えを教えてくれないので、物語を読んだ各人が想像で補うほかない。

赤子を殺し、男を誘う最悪の魔女

体位の話はここまでにして、本題に戻る。

アダムとの結婚を拒否し、悪魔と交わるリリスを止めるべく、神は3名の天使を派遣した。天使たちはリリスに対して、エデンに戻ってアダムの妻としての義務を果たすよう要求。もしリリスが要求を無視するなら、リリスの子供たちを毎日100人殺すと脅迫したのである。

しかしリリスは、天使たちが自分の子供を殺すことも、エデンに戻ってアダムに組み敷かれることも拒絶した。天使たちは要求を聞かないリリスを海に沈めて葬ろうとするが、リリスはそれに抵抗しつつ、「自分はアダムとエヴァの子供たちを永遠に苦しめる。だが、おまえたち3名の天使の名が刻まれた護符で守られた子供は殺さないでおいてやろう」と言いはなった。

要するに「好きなようにセックスもさせない神の言うことなど聞くものか、貴様ら天使は帰って赤ん坊のお守りでもしていろ」という脅しだ。結局天使たちは、リリスを連れ帰ることはできなかった。リリスの完全勝利である！

ちなみにこれ以降ユダヤ人たちは、リリスの魔の手から自分の子供を守るため、天使の名前が刻まれた護符を持たせるようになったという。

『ベン・シラのアルファベット』とは違う伝説となるが、リリスには「リリムたち」と呼ばれる数多くの娘がいる。悪魔とリリスの交わりで生まれたとされる彼女たちリリムは、リリスと同様に赤ん坊を襲って殺したり、寝ている男性を誘惑して夢精させるといわれている。

女性の地位と性倫理をリリスの反逆で表現した！

リリスは、男性が自分の上にのしかかる「正常位」を拒絶した。あくまで想像に過ぎないが、リリスは正常位だけでなく、女性が上になる「騎乗位」をはじめ、さまざまな体位でセックスを楽しみたかったのであろう。

ではなぜ、リリスは正常位でのセックスを嫌って逃げたのだろうか？

淫蕩の真相 ユダヤ教の推進した父権社会

古代の社会には、男性が一族の中心となる社会と、女性が一族の中心となる社会がある。前者を「父権社会」、後者を「母権社会」という。『旧約聖書』をつくり、リリスの伝承を伝えたユダヤ人の宗教「ユダヤ教」は、典型的な「父権社会」を前提とした宗教である。

ユダヤ教は、中東のイスラエルで誕生した宗教だ。それでは、ユダヤ教が誕生する前はどうだったか？　そのころの中東では、豊穣神バアルという男性の神が盛んに信仰されていた。バアル信仰は男性神が主神ではあるが、バアルの妻である女神たちも同様に重視されており、男神への崇拝と女神への崇拝は両立していたと考えられる。

それ以前の時代にさかのぼると、信仰の対象となっていたのは女性の「産む力」であり、遺跡からは女神の姿をかたどった像が多数出土するのに比べて、男性の像が見つかることは非常に少ない。また、社会構造も「母権的」であったと考えられている。同様の傾向は日本やヨーロッパにも見られる。

つまりもともとは女性優位で母権的だった社会が、時代とともに変化して男性の権力が重視されるようになっていき（この構図は18ページのガイアや72ページのティアマトの神話でも見られる）、ユダヤ教はさらに男性優位を推し進めて父権社会を構築したという流れになる。

物語のなかで、リリスは悪役として描かれている。アダムが選んだ男性上位の体位「正常位」は、ユダヤ教の父権社会、すなわち男性上位を示すシンボルである。そして、リリスはアダムの体位を受け入れなかった。ユダヤ人は、悪の存在であるリリスに正常位を否定させることで、逆説的にアダムの正しさ、父権社会の正当性を示したのである。

キリスト教の性倫理が禁欲至上主義な伝承を生んだ!

　今回紹介したリリスの伝説は、紀元前6世紀ごろにはすでに生まれていたと考えられる。しかしこの伝説が文字にまとめられたのはそれから1400年後、8世紀になってからだ。
　つまりこの伝説には、古代のユダヤ教徒の社会通念だけでなく、8世紀ヨーロッパの倫理観が入り交じっている可能性がある。

ユダヤ教社会の性倫理

　この伝説が書籍としてまとめられた8世紀のヨーロッパ社会、すなわちキリスト教の影響も無視することはできない。そのためここでは、ユダヤ教とキリスト教の、セックスに対するとらえ方の違いを見ていこう。
　ユダヤ教は、神に与えられた肉体を肯定的にとらえる。「生めよ、ふえよ、地に満ちよ」という『旧約聖書』の有名な言葉にもあるとおり、ユダヤ教にとっては、ユダヤ教の信者がよいセックスをして子供を増やし、ユダヤ教徒の支配地域を広げていくことは「善行」である。また、人間が美しい女性を見て「セックスしたい!」と考え、淫らな妄想をすることも、咎められることはない。それは人間にとって自然なことだからだ。

キリスト教社会の性倫理

　しかしユダヤ教から分離独立して生まれたキリスト教はこれと対照的で、性行為による快楽を「悪いこと」だと考える。
　キリスト教の聖職者は徹底的に禁欲的生活を送り、生涯結婚しない。そして一般信者に対しても禁欲的性活を求めるのだ。
　キリスト教徒にとって唯一許される性行為は「子供を作ることを目的とした性行為」である。つまり快楽を得るためのセックスは悪なのだ。
　性交時の体位についても厳格な取り決めがある。後ろ向きの女性に男性が挿入する「後背位」は、獣の体位であり、人間を作った神の行いを冒涜しているから禁止……といった具合だ。そしてアダムが選択した正常位は、キリスト教が唯一認めた、神の意志に沿った子作りの体位なのである。

淫蕩の真相 教会推奨！ セックスのルール

　中世ヨーロッパのカトリック教会には、『贖罪規定書』という文献がある。これはカトリックの教義においてどのような行為が罪になるのかを定め、罪をあがなうために必要な贖罪期間と内容をまとめたものだ。

　この文献を読み解くと、カトリック教会が「セックスをどのように行うべき」だと考えていたのかが非常に詳しくわかる。「セックスが認められる条件」と、「適切なセックス」について以下にまとめてみよう。

セックスが認められる条件

- 相手が妻である（※1）
- 結婚後3日以上たった（※2）
- 妻は生理中ではない
- 妻は妊娠していない
- 妻は授乳していない
- 妻がセックスに同意している
- 今は昼間ではない
- ここは教会ではない
- 今日は月曜日または火曜日である
- 今日は祭日（※3）ではない
- 今日は斎日（祭日の準備日）ではない
- 自分も妻も服を着ている（※4）
- セックスの目的は子供を作ること（※5）

※1……妻以外の女性はもちろん、同性愛、近親相姦、獣姦も禁止である
※2……新郎新婦の忍耐力を養うため、新婚初夜は結婚後4日目以降と定められていた
※3……祭日とはキリスト教の宗教的祭りのこと。非常に長い。祭日以外も平日の月曜火曜日しか性交できないため、この規定を厳格に適用すると、1年365日中、セックス可能な日は50日弱しかない
※4……相手の裸を見るのは淫らな行為なので禁止されている
※5……快楽目的、夫婦の相互理解目的のセックスは禁止

カトリック教会が薦める、正しい子作りセックス

注意点	その理由
愛撫は禁止	愛撫は快楽を得る行為だから。カトリックの女性は愛撫無しで男根を受け入れる苦痛に耐えなければいけない
深いキス、口腔性交禁止	妊娠につながらず、精子の無駄撃ちという罪につながるため
正常位のみ	騎乗位や後背位は獣の体位なので禁止
1回だけ	膣内射精は1回すれば妊娠する。2回以上するのは快楽目的なので禁止
性交を楽しまない	快楽ではなく妊娠のためにセックスすること
事後は体を洗う	教会などの公共の場所にセックスの穢れを持ち込まないため

特別コラム 処女は価値ある存在なのか？中東・アジアで聞いてみた！

処女。それは生涯一度も男性と性交渉を行ったことのない女性である。
はたして社会にとって、処女とはよいものなのか、悪いものなのか？
東西アジアにおける「処女性」の価値について調査した。

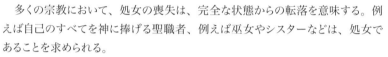

処女は清らかで完全なる者

多くの宗教において、処女の喪失は、完全な状態からの転落を意味する。例えば自己のすべてを神に捧げる聖職者、例えば巫女やシスターなどは、処女であることを求められる。

また、処女を失うとしても、誰に捧げるのかも重要である。もし女性が自分の処女を、神や神の代理人（つまり国王や聖職者）、神像に捧げるのであれば、その女性は祝福されると考えられていた。

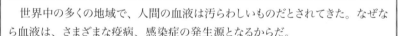

人間にとっては、処女は「やっかい者」だった

世界中の多くの地域で、人間の血液は汚らわしいものだとされてきた。なぜなら血液は、さまざまな疫病、感染症の発生源となるからだ。

ここで問題となるのが初夜である。一般的に、男性が処女と性交した場合、処女膜が裂けて流血し、男性器を血液で濡らすことになる。そのため血液の穢れを強く嫌う社会では、男性は処女と性交したがらないのだ。例えばインドの教典『ヴェーダ』には、「最初の性交によって流れ出た血液には、すべての悪の根源である毒が含まれている」と教えている。

女性と結婚しなければ子孫を残せないが、処女と性交して血に濡れるのは避けたい。ならば、女性の処女膜を夫以外に破らせる必要がある。

古代インドにおいては、男神シヴァの男性器を型どった像に女性がまたがり、処女膜を破る儀式があった。また、東南アジアのカンボジアでは、10歳にも満たない少女の処女を破る役目が僧侶に課せられていたという。

つまり結論としては、処女性の価値は「その文化が血液を忌避する度合」によって変わる。血液を嫌う文化では、処女はやっかい者。さほど血液を嫌わない文化では、処女は神聖で清らかな者とみなされる傾向がある。

アジア、アメリカ、オセアニアの淫蕩な女神

Nasty goddess in Asia, America, Oceania

日本最古のストリッパー！

アメノウズメ

漢字表記：天宇受賣命／天鈿女命
出典：『古事記』『日本書紀』

　むっつりと黙り込んでしまったお偉いさんの、かたくなな心を解きほぐすには何をすればいいか？　いつだって有効だったのは「笑い」と「エロス」である。このアメノウズメは、日本の神話に残る「脱ぎ芸」で、神々の世界を笑いの渦に叩き込み、その力をもって世界を滅亡から救ったという、英雄的ストリッパーである。

髪飾り
儀式のために神々に作ってもらった髪飾りを身につけている

半裸での踊り
衣服をはだけ、乳房を剥き出しにし、女性器の前に帯を垂らして踊った

トランス状態
本質的には巫女で、踊りながら儀式を行うと「神がかった」状態になる

切り札は女性器
女性器を丸出しにすることによって特別な力を発揮する

Nasty goddess in Asia, America, Oceania
アジア、アメリカ、オセアニアの淫蕩な女神

　アメノウズメは芸能の女神であり、日本最古の踊り子とされる。その正体は、神々と交信する「巫女」が神格化された存在だとされる。

　日本古来の信仰では、神の言葉を聞くためには巫女と「審神者（さにわ）」と呼ばれる神官が必要とされる。まず巫女が踊り舞って精神を高揚させ「神がかり」、つまり巫女に神が降りた状態になる。次に審神者が、巫女の話す神の言葉を、人が理解できる言葉に翻訳するのだ。

宮崎県高千穂町の天岩戸神社に飾られているアメノウズメの像。逆さまの桶の上に乗り、お面をかぶった姿で表現されている。

女神の淫蕩ストーリー

　アメノウズメは、日本の神話のなかでは脇役にあたる神であり、目立った活躍は2回しかしていない。だがその両方で、日本という世界の未来を決定づける重要な働きをしている。

　そんなアメノウズメの切り札は陰部(ほと)、すなわち女性器である。彼女は自分の女性器を周囲に見せつけることで、偉大な成果を導いたのだ！

世界を闇から救うため！
一世一代のストリップショー

　日本最古の歴史書である『古事記』の有名な伝説に、日本の最高神である女神アマテラスが、引きこもりになったというものがある。アマテラスは弟スサノオの蛮行に心を痛め、「天岩戸(あめのいわと)」という洞窟に閉じこもり、洞窟の入り口を重い岩でふさいで、一切そこから出てこなくなってしまったのだ。

　これに困ったのが神々である。アマテラスは太陽神であり、彼女が顔を出さないと、外の世界は永遠に夜のままになってしまう。そこで神々は、アマテラスを洞窟から引っ張り出すために、一世一代の大芝居をすることにした。その中心となったのは、巫女の女神であるアメノウズメである。

　神々は総力をあげて舞台を整え、いよいよ作戦が始まった。アメノウズメは神々が用意した髪飾りを身につけると、大きな桶をさかさまに伏せたステージの上で踊り始めた。服をはだけてオッパイを丸出しにする一方で、大事な女性器は衣装のヒモできわどく隠すなどチラリズムも忘れない。足を踏みならしながら踊り続けると、アメノウズメは両足をガバッとガニ股に開き、女性器をくぱぁっと丸出しにしたのである。アメノウズメの踊りっぷりに、ステージに集まっていた神々は大笑いしたという。

　岩戸の前に響く笑い声を、アマテラスは不思議に思う。自分がいないせいで世界が闇に包まれているのに、なんで神々は楽しげに笑っているのか……疑問に思ったアマテラスが、岩の影からちょこっと顔を出して外に問いかけると、踊り終えた当のアメノウズメがこう答えた。

「あなた様よりすばらしい神があらわれたので、みな喜んでいるんです♪」

　アメノウズメの嘘を助けるように、神々が作った鏡がアマテラスのほうに向けら

113

れる。アマテラスは、鏡に映った自分の姿を見て、それがアメノウズメのいう「自分よりもすばらしい神」だと思い込んでしまった。その姿が気になってしかたがないアマテラスは、岩戸から身を乗り出した。そこを力自慢の神に捕まって、アマテラスは岩戸の外に引き出されてしまったのだ。

こうして、世界には太陽の光が戻った。アメノウズメはストリップダンスで世界を救ったのである。

相手の正体がわからない？ 脱げばわかるさ、迷わず脱ごう！

アメノウズメの第二の出番は、アマテラスを天岩戸から引っ張り出した時代より、かなりあとにやってくる。

アマテラスは、地上世界を自分の子孫に統治させようと考え、自分の孫ニニギを地上に送り込むことにした。だが地上には危険がいっぱいなので、ニニギを地上に送る前に、偵察部隊を送り出した。

戻ってきた偵察部隊の報告によれば、ニニギが進むべき道の途中に、身長2メートルを超える長身で、鼻の長さが指7本分もあり、目を真っ赤に光らせている、正体不明の神が通せんぼしているという。アマテラスは、その神の名前と目的を聞き出そうと使者を遣わすが、みなその神の真っ赤な瞳と目を合わせるのが怖くて、何も聞けないまま逃げ帰ってきてしまう。

そこで白羽の矢が立ったのがアメノウズメだった。神々の前で裸で踊り、冷や汗ひとつかかずにアマテラスを騙すクソ度胸がある彼女なら、相手の神がちょっと怖いくらいで怖じ気づかないだろうというアマテラスの采配だ。

任務を引き受けたアメノウズメは、いつもどおりオッパイを丸出しにして、着物の帯をへその下まで押し下げ、もうちょっとで女性器が丸見えになってしまいそうなキワドい姿になった。そして彼女は、何かをあざわらうような笑い声をあげながら、正体不明の神のところに歩いて行った。

正体不明の神は、それまで一言もしゃべっていなかったが、痴女丸出しの格好で奇声をあげながら近寄ってくるアメノウズメに、思わず「どうしてそんなことをするのか」と問いかけてしまった。

あとは万事、アメノウズメのペースだった。彼女は謎の神が「サルタヒコ」という名前であることや、彼がニニギに仕えたいと思っていることを聞き出した。ニニギの地上行きに貢献したアメノウズメは、サルタヒコと結婚。彼女の子孫は「猿女君」と名乗り、朝廷で代々祭祀を担当したという。

半裸での踊りは太陽神を"降ろす"儀式だった

アメノウズメは、なぜ神の名前と目的を聞くために、半裸になる必要があったのだろうか。それはアメノウズメが「巫女」を神格化した女神だったことと深く関係している。アメノウズメの脱衣行為は、巫女が神と会話するための「神がかり」の儀式をあらわしているのだ。

淫蕩の真相 アメノウズメの原型は太陽神の巫女だった

アメノウズメは、『古事記』に２回登場しているが、見逃せないのが、最初に会話した「アマテラス」と、次に会話した「サルタヒコ」が、両方とも太陽の属性を持つ神だということだ。そしてどちらの場面でも、「会話できない神と意思疎通をはかる」ために、アメノウズメが呼び出されていることだ。

ここで現実世界に視点を移してみよう。古代の人間たちは、神々と日常的に会話することはできなかった。これは神主などの聖職者にとっても同じで、一方的に祈りを捧げることはできるが、神からのメッセージを受け取ることは、通常の手段ではできないわけだ。

ところが、天災や戦争などで人間の暮らしがピンチに陥ると、人間は神と直接交信して打開策を得ようとする。そんなときに頼りになるのが巫女たちだ。穢れ無き乙女である巫女たちは、踊りながら精神を高ぶらせていくことでトランス状態「神がかり」となり、その身に神の意識を降ろすことができると信じられていた。聖職者は、神がかりになった巫女と会話することで、あるいは巫女の言葉を聞くことで、神との交信をはかるのである。

朝廷の儀式をまとめた書物『延喜式』にも、アメノウズメの子孫だとされる猿女君が、儀式で激しい踊りを見せる場面が描かれており、アメノウズメの激しい踊りとの関連性が推測できる。

つまり、アメノウズメがアマテラスとサルタヒコの前で行った、半裸になっての奇妙な行動は「神降ろしの儀式」なのだ。サルタヒコがほかの神々の前で無言を貫いたが、アメノウズメに対しては口を開いた理由は、彼女より前に訪れた使者の神が、儀式によって神と会話可能になるプロセスを行わなかったためだと解釈することができる。

イケメンに　食らいついたら　離さない

カメヒメ

漢字表記：亀比売
出典：『丹後国風土記逸文』

「カメヒメ」という女神の名前に、聞き覚えがある人は少ないに違いない。だが実は彼女、日本人なら誰でも知っているほどの有名人なのだ。

カメヒメのまたの名前は「乙姫」という。そう。小学生の教科書にも載っている有名な昔話「浦島太郎」のヒロインである。失われた古代の文献に紹介された彼女は、現代の童話からは想像もできない「肉食系」女神なのだ。

仙女
海底世界に住んでいる女性の仙人である

亀に変身
五色に塗り分けられた甲羅を持つ、霊亀の姿に変身することができる

面喰い
外見と雰囲気がカッコイイ男性を見つけると夢中になってしまう

積極的
男のほうから言い寄るのを待たず、情熱的にアタックする

日本最古の歴史書とされる『古事記』『日本書紀』の完成と前後して、朝廷は日本各地に、地元の地理と歴史、郷土に伝わる伝説などをまとめた本を作るよう命じた。これを『風土記』という。

現在の京都府北部にあたる丹後国でも、『丹後国風土記』という本が作られた。この本には、丹後国の海岸地方に伝わる「水江の浦の嶼子（しまこ）」の伝説が掲載された。このページで紹介するカメヒメは、この嶼子の伝説に登場するヒロインで、浦島太郎伝説の乙姫にあたる人物である。

1899年、松木平吉の『教育昔話』より、浦島太郎の乗る小舟にあらわれた乙姫。「カメヒメ」と同様、竜宮城で待つのではなく、自分から船にあらわれる形式の物語になっている。

女神の淫蕩ストーリー

『浦島太郎』のお話に登場する乙姫は、家臣の亀を助けたお礼に、浦島太郎を竜宮城に招いた。彼女と浦島太郎とのあいだには性的関係はない。

だが、浦島伝説の発祥とされている『丹後国風土記』のカメヒメのあり方は、乙姫とはまったく違っている。

両者の伝説がどう違うのかを比較しながら物語を追っていこう。

淫蕩エピソード　まずはおさらい！現代版「浦島太郎」のあらすじ

まずは最初に、現代に伝わる浦島太郎の物語をおさらいしておこう。

ある日、浦島太郎は、子供たちが浜辺で亀をいじめているところを見つけた。太郎は亀をかわいそうに思い、亀を解放してやった。すると亀は太郎に感謝し、太郎を海の底にある竜宮城に連れて行くと言い出した。

太郎が亀の背中に乗って海底の竜宮城にたどりつくと、城の主である美しい「乙姫」が太郎を出迎え、鯛やヒラメの舞い踊る大宴会で歓迎した。だが数日経つと、浦島太郎は故郷に帰りたくなる。乙姫は太郎の帰還を残念がるが、土産として玉手箱を持たせて太郎を見送った。

太郎がもともと住んでいた村に帰ると、村の様子はずいぶん変わっていた。太郎が竜宮城で数日暮らしているあいだに、地上では非常に長い年月が過ぎていたのである。太郎は心細くなり、乙姫から「絶対に開けてはいけない」と釘を刺されていた玉手箱を開けてしまった。すると箱の中から白い煙が吹き出し、浦島太郎はたちまち老人に変わってしまったという。

……これが、現在もっとも広く知られている浦島太郎伝説である。

淫蕩エピソード　『丹後国風土記』では乙姫が肉食系女子に!?

それでは、今回の本題『丹後国風土記』の浦島太郎伝説に触れていこう。『丹後国風土記』では、浦島太郎は「水江の浦の嶼子」という名前で呼ばれている。水江とは丹後国（現在の京都府北部）の地名である。

物語によると、嶼子は小舟に乗って海釣りをしていたが、三日三晩何も釣れ

ない大スランプに陥っていた。ところがそのとき、嶼子の釣り針に、五色に塗り分けられた色鮮やかな亀がかかった。

　嶼子は不思議に思いながら亀を小舟に引き揚げると、疲れてそのまま眠ってしまった。しばらくして嶼子が目を覚ますと、船の上には亀の姿はなく、なんとも美しい女性が立っていたのである。

　なんでこんなところに女性がいるのかと嶼子がたずねると、彼女は、
「とってもハンサムな方が海の上にいらっしゃったので、ぜひ一度お話したいと思って、風雲に乗ってやってきたのですわ♡（ぽっ）」
とのこと。何をかくそう彼女こそ、のちの浦島太郎伝説で乙姫として知られることになる女性の原型、亀比売である。本来の物語では、彼女は部下（亀）を助けられたお礼をする貞淑な女主人ではなく、イケメンを見つければ亀まっしぐらで口説きにかかる肉食系美女だったのだ。

みごとに射止めたイケメンと乾く間もない熱愛生活

　その後もカメヒメは「天地や日月がこの世から無くなるまであなたと一緒にいたい」などと、熱烈なプロポーズを繰り返した。嶼子も、美人にこんなに真剣に口説かれて悪い気はしない。すぐに彼女と結婚することを了承した。

　嶼子がカメヒメに言われて眠りに就き、目を覚ますと、そこは海中宮殿だった。嶼子はカメヒメの両親である仙人に歓迎され、召使いに世話をされながら、豪華絢爛な歓迎の宴を楽しんだ。しばらくすると宴の席からはひとり、またひとりと人々が退席していき、そこには嶼子とカメヒメだけが残された……結婚を約束した若い男女がふたりきりになったら、やることはひとつしかない。ふたりは早速新婚初夜を楽しみ、その後も嶼子は喰う寝るセックスの生活を続けることになったのである。

　嶼子が美しいカメヒメの体に溺れること３年。嶼子はついに、故郷に帰りたいとカメヒメに打ち明けることになった。昔話の浦島太郎は３日で里心がついたことと比べると、やはりいつでも合体ＯＫな美女が隣にいる生活というのは、飽きが来るのが遅いようだ。

　ここから先の展開は昔話の浦島太郎と酷似している。地上では長い年月が過ぎていたため、嶼子はみなが自分のことを忘れていた。それをを悲しんだ嶼子は、「カメヒメのもとに戻りたいなら、絶対に開けてはならない」と言われていた箱を開けてしまい、老人になってしまうのだ。

浦島太郎伝説の変遷は仏教思想の影響だった

浦島太郎の乙姫は、部下の亀を浦島太郎に救われた、竜宮城の城主だった。だがその原型である『丹後国風土記』のカメヒメは、みずから進んで嶼子を口説き、夫として連れ帰った女性である。なぜこのように性質が変わったのか……その裏側には、日本に伝来した仏教の影響があった。

淫蕩の真相 仏教の「因果応報」思想が物語を変えた

『丹後国風土記』は、8世紀ごろにまとめられた文献である。このころ日本の文化には大きな変革が起きていた。6世紀末に聖徳太子によって日本の国教に定められた新しい宗教、仏教の急激な拡大である。

それまであくまで一部インテリ層だけのものだった仏教は、遣唐使帰りの僧侶「最澄」や「空海」とその弟子たちによって広められ、日本人は一般民衆にいたるまで仏教に帰依するようになっていった。これにともない、日本国内で語り継がれる物語は、仏教の影響を受けて変化した。

なかでももっとも大きな影響があったのが、仏教の思想「因果応報」である。これは、人間は前世あるいは過去の行いによって、相応の報いを受けるという考え方だ。道徳的によいことをすれば、一時は苦しくても、あとでかならずよいことがある。逆に悪いことをすれば、一時は得をしても、あとでかならず罰を受けることになるわけだ。

もちろん『丹後国風土記』の嶼子伝説にも、仏教の因果応報思想が盛り込まれ、物語の筋が変わっていった。本来ならカメヒメがハンサムな嶼子にプロポーズしに来るという序盤のイベントが、新しい話では、浦島太郎が亀を助けるイベントに変更されたのだ。これを「因果応報」的に見ると、浦島太郎は「亀を助けるという"善行"をしたので、竜宮城に招待され、乙姫たちの歓待を受けて"報われた"」ことになる。

浦島伝説を、応報思想を導入した仏教的な物語に作り替えるためには、なんの脈絡なくイケメン狩りに訪れるカメヒメの存在は邪魔だ。そこでヒロインの設定が大幅に変更されて乙姫となり、浦島太郎は婿ではなく「亀を救った恩人」として竜宮城に招かれることになったのである。

いつでも全裸！な彗星の化身
孛星女身（はいせいにょしん）

出典：文言小説『子不語』（18世紀中国　著：袁枚）

　中国の神話には多くの女神が登場するが、中国では神々が性的な行いをする頻度が他国の神話より低い。また、女神が普通の子作り以外の淫らなふるまいをすることも少ない。淫らな行為をする女性の多くは、いわゆる妖怪や魔物に属する存在である。

　数少ない例外のひとつが、この孛星女身（はいせいにょしん）。流れ星の化身の物語である。

全裸
孛星女人は、天界にいるときはいつも全裸で過ごしている

白い衣
地上に降りるときは全裸ではなく、上下に分かれる白い衣を身につける

雨を降らせる
雲を生みだして、地上に雨を降らせる力を持っている

欲深い
怒らせてしまったときは、金品で怒りをなだめることが可能

　「孛星」とは「ほうきぼし」という意味である。つまり孛星女身は夜空に輝く彗星、ほうきぼしの化身で、天女の一種である。

　中国では、人間たちが地上世界に住む一方で、神々は天界に住むと考えられていた。その天界に住む女性が天女である。有名なところでは、七夕伝説に登場する織姫は、天界で機織り（はたおり）の仕事に就いている天女のひとりである。

　よく知られている伝承では、天女たちはそれぞれの目的で地上に降りてくることがある。そのときは「天女の羽衣」という長い布の力を利用することが多い。だが孛星女身の物語には天女の羽衣が登場しない。これは物語中で孛星女身が天地を行き来する場面がないので、たまたま描かれなかったのもしれないし、彼女は羽衣なしで天地を行き来できるのかもしれない。

女神の淫蕩ストーリー

孛星女身には困った性癖がある。「脱ぎ癖」である。

孛星女身は、天界でふだん生活しているときは一糸まとわず全裸で過ごしている。天界の規律はいったいどうなっているのだろうか。そんな孛星女身が地上に降りてきたときの物語が伝わっている。18世紀の説話集『子不語』からご紹介しよう。

命を賭けた雨乞い儀式で 干魃に襲われた山東省を救え!

まずは物語のバックグラウンドを紹介していこう。これは西暦1747年、中国東部の山東省でのできごとである。

この年、山東省では雨が少なく、作物がまるで育たない「干魃」の被害が深刻になっていた。このまま雨が降らなければ、山東省全体が大不作になり、食糧不足で飢餓が発生してしまう。

山東省の次官をつとめていた役人は悩みぬき、超常の力を頼ることにした。山東地方には、雨乞いの術がうまいと評判の道士が住んでいたので、省をあげてこの道士を頼ることにしたのだ。

話を聞いた道士いわく、彼が行う雨乞いの儀式は、雨をもたらす孛星が地上に降りているときにしか実行できないという。だが今はちょうど孛星が地上にいるので、十分な対価と準備があれば雨を降らせることが可能だという。その対価とは、多額の黄金と、立派な衣。そして術を行う道士本人の寿命10年分であった。

次官は命をかけて雨乞いに挑む道士の心意気に感謝し、万全のバックアップを約束。こうして山東省の民を救うための雨乞い作戦がはじまった。

黒々とした雨雲は 孛星女身の股間から出る!

儀式に必要な資材を手配した道士は、さっそく雨乞いの儀式に取りかかる。もっとも彼が行おうとしている儀式は、神々にお願いして雨を降らせてくださいと頼む「普通の」雨乞いではなかった。

まず道士は、雨乞いを行う祈雨壇を建造し、3枚の呪符を作ってひとりの子

供に預けた。道士はある場所を指定すると、
「その場所に白い服を着た女性がいるので、その女性を1枚目の符で打ちなさい。女性は怒って追ってくるから、この祈雨壇まで逃げてきなさい。追いつかれそうになったら、2枚目と3枚目の符で打ちなさい」と命じた。

　無論、この「白い服を着た女性」とは、地上に降りた孛星女身(はいせいにょしん)である。道士は、神々にあわれみを誘って雨を降らせる穏健策ではなく、孛星女身を罠にはめて、強制的に雨を降らせる強硬策を選んだのである。

　子供が道士の命令どおり、白い服を着た女性に1枚目の符を打つと、その女性、すなわち孛星女身はなぜか**服の下半分を脱いで**、子供のことを追いかけ始めた。子供が2枚目の符を打つと、こんどは**上半分の服を脱ぎ捨て**、胸も女性器も丸出しの全裸になって追ってくる。

　かろうじて子供が祈雨壇まで逃げ切ると、3枚目の符を道士が打って「雨よ、雨よ」と高らかに唱えた。すると全裸で駆けてきた孛星女身は、祈雨壇の下に、仰向けになってバタリと倒れてしまった。しばらく待つと、丸出しになっている女性器から、むらむらと湿気が立ち上って雲が生まれた。雲がもくもくとたちのぼると、空は暗くなり、大量の雨が降り注いだのである。この雨は5日間も続き、山東省の野山も田畑もおおいに潤った。

　田畑に水が十分行き渡ったところで、道士は省の次官に用意させた立派な衣を、仰向けに倒れたままの孛星女身に着せてやった。すると孛星女身は意識を取り戻し、人間に裸を見られたことを恥ずかしがったり、自分を罠にはめたことを罵ったりと大騒ぎになった。次官は彼女をなだめ、今着せた服と多額の黄金を彼女に与え、気の利く老婆に家まで送り届けさせたという。

　こうしてみごとに道士の雨乞いは成功し、山東省は救われたのだ。

やはり対価は高くつく
その後の雨乞い道士

　雨乞い道士は、孛星女身の「雨を降らせる力」を無理やり引き出すことによって、山東省に救いの大雨をもたらした。だが、このように神の力を人間が無理やり自由にするのは、明らかに「人間の分を超えた、不遜な行為」である。もちろんこんなことを、天に住む神々が許すはずがなかった。

　それから数年後、まだ老け込む年ではなかった雨乞い道士は、ひっそりと息を引き取った。道士があらかじめ予言していたとおり、神を利用した罰として、残りの寿命を奪われたのだろう。

女性器と雨の遠いようで近い関係

淫蕩の真相

孛星女身の物語において、雨を降らせる能力があるという孛星女身は、自分の女性器からむらむらと湿気を放つことによって雲を作り、山東省に大雨を降らせることとなった。女性の性器と雨のあいだには、いったいどのような関係性があるのだろうか？

淫蕩の真相① 陰陽思想と女性器と雨の関係

道士とは、中国の宗教「道教」の術師のことである。道教の重要な思想に「陰陽思想」というものがある。世のなかは、能動的で活動的なエネルギー「陽」の力と、受動的で静的なエネルギー「陰」の力の組み合わせで成り立っているという思想である。

この陰陽思想にのっとって分析すると、雨は陰の力、晴れは陽の力に属している。そして、男性が陽の力、女性が陰の力と関連づけられるのだ。特に女性器は、日本語で「女陰」とも書くくらいで、全身のなかでも陰の力が特に強い場所だと考えられている。

つまり、孛星女身の女性器から、陰の力の塊である雲がのぼり、陰の力に属する雨が降るのは、陰陽思想的にとても自然な現象だと言える。

淫蕩の真相② 雨乞いで女性器を晒す意味

また、女性器を晒すと雨が降るという考え方は、世界的にみても不自然ではない。そもそも世界的に見て雨乞いとは、「人間が悪事を働いたせいで、神々が地上に雨を与えなかった。だから神々に謝罪したり喜ばせて、雨を降らしてもらおう」という解釈と狙いで行われる儀式である。

世界的報道機関であるロイター通信は、2009年に、ヒマラヤのふもとネパールで行われた雨乞いの儀式を報道している。その儀式とは、夜中の畑に全裸の少女たちが出て、裸のまま畑を耕すというものだ。これらの儀式は雷神インドラに降雨を願うものであり、その狙いは「インドラに女性器を見せて喜ばせる」「雨を降らせないインドラを罵倒して反骨心を煽り、女たちにいいところを見せるために雨を降らせることを期待する」などさまざまだ。

一日三度の性交義務!
ウルヴァシー

英字表記:urvasi
出身神話:インド神話

　インドの神話には、「アプサラス」と呼ばれる水の精霊が登場する。アプサラスは女性ばかりの種族であり、みなが絶世の美女で、男を誘う魅惑的な体つきをしているという、男性の欲望を具現化したような存在だ。
　このウルヴァシーは、インド神話に数多く登場するアプサラスのなかでも特に有名人で、とても淫らな物語で知られている。

アプサラス一番の美女！
美女そろいのアプサラスの中でも特に美しいといわれている

魅惑のボディライン
豊かな乳、腰、尻と大変美しい肉体をもっていた

神さえも魅了するエロス
その魅力は、神が見ただけで精を漏らすほど

高いプライド
自分の美しさを自覚しており、そのことに強い誇りを持っている

　ウルヴァシーはインドの水の精である天女アプサラスのひとりだ。美女そろいのアプサラスの中でも一番美しい彼女は人間の男と関係を持つが、その人気ゆえにトラブルに巻き込まれる。また、自分の美しさに自覚的で高いプライドを持っているため、彼女の誘いを拒んだりすると激しい怒りを買うことになる。そうなると恐ろしい呪いの言葉を吐いて、男を震え上がらせる。美女の怒りはひときわ恐ろしいものだ。

インドの神話の絵を多く描いた画家ラヴィ・ヴァルマによる、ウルヴァシーとプルーラヴァス王。

女神の淫蕩ストーリー

ウルヴァシーが活躍するエピソードは、インド神話にふたつある。

彼女は片方では、王子を誘惑する好色な女神として、もう片方では、愛する夫と引き裂かれるが、夫の努力で関係を回復する物語のヒロインとして描かれている。男を求める立場と、男に求められる立場と正反対ではあるが、どちらの物語でも「エロい」ことが、彼女の不変の特徴である。

 ハニトラ命令大歓迎！
任務も忘れてガチ誘惑

英雄物語『マハーバーラタ』でのウルヴァシーは、雷神インドラのもとに居候しているインドラの息子、英雄アルジュナを引き留めるためのハニートラップ要員として活躍する。

もともとアルジュナは、やむを得ず誓いを破ったために、その罰として妻や兄弟と別れ、故郷を離れることになった。そしてアルジュナは父インドラのもとに身を寄せていたのだが、時が経つにつれて故郷と家族への思いは募っていく。父インドラは、アルジュナのこの思いを知りつつも、愛する息子を手放したくない一心から、ウルヴァシーに引き留めを命じたのだ。

命令を受けたウルヴァシーとしても、この命令は大歓迎だった。何せアルジュナはいい男、天界でも評判の英雄だったからだ。心を踊らせ、頬を染めて引き受けたウルヴァシーは早速準備にとりかかる。身を清め、衣装を変えるあいだも、ウルヴァシーの頭の中は「アルジュナとどんなセックスをするか」でいっぱいであった。アルジュナが魅力的な男性なのは確かだが、これからのことに期待をふくらませるウルヴァシーも相当な好き者である。

ウルヴァシーは「月と競う」とまで言われたもともとの美貌に加え、上半身は霞色の薄絹、尻は薄い布一片という、むしろ全裸よりもエロい姿でアルジュナの元を訪れた。アルジュナは彼女の格好に驚いたもの、うやうやしく迎えた。その声に理性を蒸発させたウルヴァシーは、任務などどこへやら、自分の目的すべてを洗いざらいしゃべった上でアルジュナに関係を迫る。身も心もアルジュナに恋い焦がれるようになったウルヴァシーは、一刻も早くアルジュナをモノにしたかったのである。

アプサラスの誘いを断れば壮絶な呪いが降りかかる!

しかし、ウルヴァシーとアルジュナが結ばれるには問題があった。実はウルヴァシーは、アルジュナにとって祖先にあたる存在なのである。彼女こそ、アルジュナが属するプル王朝の祖、プルーラヴァスの妻となった女性なのだ。

そのウルヴァシーが夜更けに裸同然の姿でおしかけて来たのだから、アルジュナの驚きや畏れはいかばかりか。いかに相手が美人とはいえ、自分のご先祖様と肉体関係になるというのは抵抗があろう。困ったことに、ウルヴァシーは勢い付けのために酒まで呑んできている。「ここはどうにかして帰ってもらわなければならない!」アルジュナ必死の説得が始まる。

あなたは自分の母にあたるような人なので、とても寝所をともにすることはできない、とかしこまりながらもウルヴァシーに告げるアルジュナだったが、情欲に目がくらんだウルヴァシーはアルジュナをかきくどく。

彼女によれば、アプサラスは自由で何者にも縛られない。苦行で天界に至った歴代の王も皆アプサラスと楽しんでいったから、アルジュナがウルヴァシーとやっちゃってもOK! とのこと。まことに力強い説得だが、要するに彼女たちはずっと子孫とイケナイことをしてきたわけである。

確かにアプサラスはそのへん奔放にやってきたかもしれないが、アルジュナは皆に愛される稀代の英雄。超がつくほどの真面目人間である。いくら前例があるからといって、赤信号みんなで渡ればとばかりに、母のような存在と位置づけたウルヴァシーを抱けるわけもなかった。ふたたび丁重にお断りして、ウルヴァシーにそれ以上近寄らないようにお願いしたのである。

だが、性欲の権化と化したウルヴァシーには、そんな真面目人間の理屈は通用しなかった。神であるインドラの命を受け、さらにやる気まんまんでやってきた自分を拒むなどとうてい許せなかったのだ。烈火のごとく怒ったウルヴァシーは、アルジュナが誰にも尊敬されず、踊り子になって生きていくよう、男らしさが失せてしまうように呪いをかけた。

絶世の美女を抱かなかったせいで恐ろしい呪いをかけられる。なんとも割に合わない話である。父インドラに相談しても、「そんな呪いなど心配するな、むしろ役に立つこともあるかもしれない」と余裕のかまえ。元はといえばインドラが原因なのだが……とにかくやる気になったアプサラスに逆らうと、ひどいめにあうことになるのだ。

淫蕩エピソード
ウルヴァシーの夫になるには忍耐力と絶倫精力が大事

　ウルヴァシーのもうひとつの物語は、神話文献『シャタパタ・ブラーフマナ』で語られるプルーラヴァス王との物語だ。

　プルーラヴァス王がヒマラヤ山で狩りをしていると、ふたりのアプサラスがラークシャサという凶暴な種族に襲われていた。プルーラヴァスは彼らからアプサラスたちを救ってやったが、その片方がウルヴァシーだったのである。

　ウルヴァシーの美しさに心奪われたプルーラヴァスは彼女に求婚する。ウルヴァシーは王との結婚を承知したが、それには3つの条件があった。

1. 日に三度、私を竹の棒で突きなさい
2. 私が求めない時は私に近づかない
3. あなたの裸体を私に見せてはならない

　ひとつめの条件、竹の棒で突くというのは、要するにセックスである。いくらウルヴァシーが美しいとはいえ、1日3回はセックスしなければならないというのは中々の重労働である。1年続けば1000回、10年で1万回。もはや乾くひまもない。さらにプルーラヴァスは王という多忙な地位にあるなかで、それだけの時間を作らねばならないのだ。

　ふたつめの条件はまあ、ひとつめの条件を考えれば四六時中一緒にいるというのも気疲れしそうだし、納得できるところである。

　みっつめの条件、これは奇妙である。1日3回セックスしておきながら、裸を見せてはならないということは、プルーラヴァスは常に着衣のままウルヴァシーとことに及んでいたことになる。

　ひたすらセックス年間1000回超という、うらやま……もとい、厳しい条件を王は快諾し、ふたりは夫婦となった。王は結婚条件をよく守り、ウルヴァシーは長く王とともに暮らした。子供も生まれ、王は幸せの絶頂にあった。

　その一方、天界の楽師であり、アプサラスと対をなす存在である男性種族ガンダルヴァたちは、本来なら彼らとともに暮らすべきウルヴァシーが天界にいないことを残念に思っていた。そして彼らは、ウルヴァシーを取り戻すために陰謀をくわだてたのだ。

　ウルヴァシーは雌羊と、その子羊2頭を大事にしており、羊たちはいつも寝台につながれていた。ガンダルヴァはその子羊を1頭奪い取ったのだ。

　悲しむウルヴァシーをなだめるため、プルーラヴァスは着るものも着ずに子羊

を取り返そうとガンダルヴァを追いかけた。ところがその瞬間、夜の闇を突然の雷光が照らし、プルーラヴァスの裸体があらわになる。それを見たウルヴァシーは夫の前から姿を消してしまったという。

これは「あなたの裸体を私に見せない」という誓いを破らせるための、ガンダルヴァの策略だったのだ。

美人妻奪還！プルーラヴァス王の一大決心

ウルヴァシーを失ったプルーラヴァス王は深い悲しみにくれながら、彼女を探してあちこちさまよい、湖で水鳥の群れを見つけた。その水鳥たちはアプサラスが変身した姿で、中にはウルヴァシーも混じっていたのだ。

プルーラヴァスに気づいたアプサラスたちは、変身を解いて王を迎えた。やっとウルヴァシーと再会できたプルーラヴァスは、自分の元に戻ってくれるようにウルヴァシーを説得しようとする。しかし、約束を破った夫に対して、ウルヴァシーは家に帰るようにと冷たく言い放ったのである。

ところが、悲嘆にくれたプルーラヴァスが「首を吊るか狼に食われて死ぬ」と叫びだしたため、さすがのウルヴァシーも心動かされる。そもそもプルーラヴァスはアプサラスたちの命の恩人なのだ。そこでウルヴァシーはプルーラヴァスに、今から1年後の夜にふたたびここを訪れれば、自分はその晩だけあなたと一緒に過ごそう、と約束する。そのころになれば、ウルヴァシーがみごもった子供も生まれるだろう、というのだ。

1年後、プルーラヴァスが湖を訪れると、そこには黄金の宮殿が建っていた。宮殿で彼を待っていたウルヴァシーは、「翌日の朝、ガンダルヴァがプルーラヴァスの願いを叶えるので、ガンダルヴァの一員となりたいと言うように」とプルーラヴァスに告げる。彼が人間をやめてガンダルヴァとなれば、ウルヴァシーとまたずっと一緒に暮らせるのだ。

もちろんプルーラヴァスがそれを断るわけがなかった。神聖な儀式をへて、プルーラヴァスの種族は人間からガンダルヴァに変化した。そしてウルヴァシーと永遠に暮らしたという。なお王の名誉のため、彼が人間を辞めたのは愛ゆえであり、肉欲のためではないことを明記しておきたい。

なお、ガンダルヴァとなったプルーラヴァス王が、今でもウルヴァシーと1日3回ノルマの着衣セックスを続けているのかどうかは、この神話には語られていない。

「見せるなのタブー」のために構築された物語

プルーラヴァス王とウルヴァシーは、結婚にあたり、なぜこのようなまわりくどい契約を交わすことになったのか? それはウルヴァシーの物語が、世界中に広く知られている物語パターン「見るなのタブー」に沿って構築されているからだ。もっとも彼女の物語は特殊で、いちがいに「おきまりのパターン」だとも言い切れないのだが……。

淫蕩の真相 見るなではなく「見せるな」のタブー

プルーラヴァス王とウルヴァシーの物語は、人間が天女を嫁にする「天人女房譚」のひとつである。この手の話では、夫に「○○を見てはならない」という「見るなのタブー」が課される。それを破ると天女は去り、結婚生活が終わってしまうのだ。天人女房譚の代表例としては、日本人もよく知る「羽衣伝説」や、「鶴の恩返し」などが有名だ。

「天人女房譚」の形式に沿った物語は、インドや日本などのアジアだけでなく、ヨーロッパやアフリカなど世界各地に伝わっており、人類の文化で共通の物語形式だと言ってよい。

ただし一般的に「見るなのタブー」では、天女のほうが秘密を持っており、夫がそれを見ることによって結婚契約が破綻する。だがウルヴァシーの物語では、この関係が逆転しており、妻ウルヴァシーが夫プルーラヴァスの「裸体」を見てしまうことによって結婚が破綻するのが特徴的である。そのため神話学の世界では、この形式を「見せるなのタブー」と呼ぶ。

アルジュナの物語で紹介した『マハーバーラタ』には、蛙が美しい女性に姿を変えて王と結婚する話があるのだが、その結婚の条件も、彼女に水を見せてはいけないという「見せるなのタブー」であったという。

なぜインドで「見せるなのタブー」が強調されるのかは不明だが、両者の結婚にややこしい条件がついているのは「天人女房譚のお約束だから」ということで説明がつくだろう。ただし、「1日3回以上のセックス」を義務づける理由は、天人女房譚とは一切関係がない。やはりこれは、単純にアプサラスという種族がエロいからかもしれない。

幸運の女神様は浮気性
シュリー

英字表記：Sri
出身神話：インド神話
別名：ラクシュミー、ドラウパティー

　シュリーはヒンドゥー教を代表する豊穣の女神で、ありとあらゆる徳や豊かさで人間に恵みをもたらす存在だ。しかし、ただの優しい女神ではない。彼女を軽く扱うと大変な災いをもたらす、ふさわしくないものは見限る、侮辱したものを許さず、滅亡まで追い込む等、かなり物騒な女神でもある。そして自身は、多くの神と浮名を流す多情な女神でもあるのだ。

蓮の花
シュリーのシンボルマークは蓮の花である

象
インドで神聖な動物とされるゾウと一緒に描かれることが多い

乳海より出現
インドの神々が世界を修復するためにかき回した乳海から出現した

住所は泥や糞の中
彼女のすみかは、泥の中や雌牛の糞尿の中とされている

　シュリーは幸運、栄光、繁栄をもたらす女神であるが、その出現はわかりにくい。シュリーはしばしば花輪のなかに住み着き、受け取った者に幸運をもたらすのだが、うっかりシュリーの住み着いた花輪を受け取らずにスルーすると、彼女を失った世界は破滅に向かう。また、シュリーは自分にふさわしくないと考えた者からは離れてしまう。その結果、シュリーに見放された者は没落してしまうのだ。シュリーは成功するために必須の女神だが、手放せば破滅してしまう、諸刃の剣のような女神である。

　そのためか、シュリーの存在を知った上で、その移り気な性格を嫌って受け容れようとしない者たちもいる。すると一転、シュリーの立場は弱くなる。誰かに愛され受け容れられることが、彼女の力を支えているのだ。

女神の淫蕩ストーリー

　シュリーは多くの男性と浮き名を流したり、同時に5人の男の妻になったりと、派手な男性関係で知られる。しかしそれでも彼女は多くの者から求められる。それは彼女が美しいだけでなく、富と豊かさを与える女神でもあるからだ。そしてシュリーを求め手に入れた者は、移り気な彼女が"寝取られ"る恐怖を感じながら生きていかなければならないのだ！

 ちょっと増えすぎ!?
5回願えば5人の旦那

　インド神話では、神々が「化身」という技を使って肉のある体に宿り、人間として下界に介入することがある。シュリーの化身であるドラウパディーという女性は、とてつもない性生活を送ったことがある。なんと彼女には同時に5人の夫ができたのである。

　インドの英雄物語マハーバーラタによれば、シュリーの化身である女性は素敵な旦那様を求めるあまり、シヴァ神に対して「すべての美徳を備えた夫が欲しい」という欲張りな願いを、何度も繰り返しアピールした。彼女は流れ星に願いごとを3回唱えるカップルのごとく、同じ願いを5回繰り返して言い、生真面目なことで有名なシヴァ神は、それを馬鹿正直に叶えた。彼女は、来世においてドラウパディーと言う女性に生まれ変わり、彼女が5回願ったために、5人の夫を持つことになったのである。

　ちなみにこの結婚生活には、「誰かがドラウパディーと寝ているとき、その様子を見てはいけない」というルールがあった。どうやら5人の夫が同時に彼女の体をむさぼることはなかったようだ。

　5人の夫を持つことになったドラウパディーは、毎晩かわるがわる違う夫と交わりながら、数奇な運命をたどる。夫のひとりが彼女をサイコロ賭博のカタにして敗れ、そのせいで公衆の面前で侮辱されたり、裸にひんむかれて強姦されそうになったり、奴隷に落とされたり、さらには十三年間も国を追放された。

　ドラウパティーはこの恨みを忘れず、賭けの相手と戦争が起こったときは徹底抗戦を主張。その結果、両家の戦士はほとんど死に絶えてしまう。豊穣の女神を怒らせると破滅が待っているのだ。

女神をゲットしたいなら告白はスピードが大事!

　インド神話は数千年の歴史のなかで何度も形を変えており、そのなかでシュリーは何度も夫を変えている。だが現在では、シュリーは「ラクシュミー」という女神と一体化し、浮気な性格を見せなくなっている。以下に紹介する神話によれば、彼女の夫となったのは、ヴィシュヌという神である。

　かつて、神の化身である聖仙ドゥルヴァーサスが地上を旅していたとき、半神族の女性から神々しい花輪をもらった。ドゥルヴァーサスは、その花輪を世界の王であるインドラ神に渡した。インドラはその花輪を乗っていた象に渡し、象はその花輪の香りを楽しんだあと、地面に投げてしまった。

　これを聞いたドゥルヴァーサスはインドラに激怒した。彼がインドラに与えた花輪は、幸運の女神シュリーの住みかだったのだ。インドラはそれを受け取ったにもかかわらず礼も言わず、頭にものせず、ぞんざいに捨てた。これにより、世界から幸運（シュリー）は失われるだろうと。インドラは慌てて謝罪したが、聖仙の怒りは収まらない。そして予言のとおり、植物は枯れ、人心は荒廃し、悪しき種族アスラが神々に戦争をしかけてくるなど、世界は大混乱に陥ってしまう。

　神々は創造神ブラフマーに助けを求めた。解決策は、海をミキサーのようにかき混ぜて生命のスープ「乳海」を作ることだった。乳海からはさまざまな薬品、宝物、神々が生まれたが、特に男性の神の注目を集めたのが、乳海から再誕した女神シュリーであった。

　その美しさに魅了された多くの男神がシュリーを求めたが、ヴィシュヌ神が、あっという間に彼女を手に入れて妻としてしまった。シュリーの気が移る前に速攻で勝負を決めた、ヴィシュヌのファインプレイであった。

 ## 愛されるためならウンコの中にも住んでみせる!

　神話によれば、シュリーが牛たちに『自分を受け入れてほしい』と願ったとき、彼女の好意が一過性であることを知っていた牛たちは、自分を受け入れてほしいというシュリーの願いを拒絶した。幸運の女神として、拒絶されることだけは避けたいシュリーは、牛たちの出した条件を飲み、雌牛の糞尿に住む（➡p130）ようになったのである。シュリーの浮気ぶりは、神々や人間どころか牛たちのあいだでも悪評として広まっていたのだ。

シュリーが浮気性なのは人間の権力が短命だから

　シュリーは幸運の女神である。幸運は長く続かないため、世界の神話において幸運の神は、浮気性、または気まぐれな性格の女性の人格を持つことが多い。だがシュリーが浮気性として描かれる理由はもうひとつある。それは、人間の権力が永遠ではないことである。

移り変わる王権こそ浮気の正体

　女神シュリーは、神話学の用語で「王権女神」と呼ばれる存在でもある。これは、この女神の加護を受けている者が、権力者としてほかの人間を統治する権利を与えられる、という存在だ。

　人類が一度建てた王朝は、天災、他国の侵略、反乱などで簡単に崩壊してしまう。その寿命は100年も持てば長期政権といっても過言ではない。

　シュリーは王権女神であり、王権はこのようにちょっとしたことで簡単に崩壊してしまう。つまり王朝が倒れるたび、シュリーは過去の王を見放し、新しい権力者に寄り添いに行くと言ってもいい。

　人々にとって、次から次へと王権を乗り換えていくシュリーは、さぞかし「尻軽」な女神に見えたことだろう。幸運と王権、移ろいやすいものを体現する女神だからこそ、人々は彼女を浮気な女神だと考えたのだ。

神界の王権もシュリーが示す

　シュリーが王権女神であることは、神話でも如実に示されている。

　インド神話では、時代の流れとともに信仰の形が変わり、何度も最高神が入れ替わっている。もっとも古い時代、インドの最高神は雷神インドラだった。そしてシュリーはインドラの妻だった時代がある。

　現在のインド神話では、シュリーはラクシュミという女神と合体し、乳海攪拌の神話でインドラの求愛を拒絶して、ヴィシュヌ神の妻となっている。ヴィシュヌ神は現在のインドで、人気を二分する最高神の片割れであり、神界の王と呼んでも過言ではない。

　シュリーは常に、最高位者の隣に席を与えられるのだ。

人妻に化けて疑似不倫
スヴァーハー

英字表記：svaha
出典：『リグ・ヴェーダ』

　仏教発祥の地はインドである。そして、仏教に登場する仏たちは、インド古来の宗教「ヒンドゥー教」に登場する神々と同じ存在である。
　仏教の経典を聞いていると、ときどき「ソワカ（薩婆訶）」という言葉が聞こえてくる。実はこの「ソワカ」とは、インド神話でとんでもない性的事件を引き起こした、スヴァーハーという女神の名前なのだ。

名前の意味
スヴァーハーとは「幸いあれ」という意味で、元は祈りの言葉である

外見不詳
神話には、スヴァーハーの外見について語る記述は見られない

恋は盲目
自分が好きになった相手と結ばれるためなら、どんな手も使う

変身能力
望んだ女性の姿に変身する特殊能力を身につけている

　インドに古来から伝わる宗教、ヒンドゥー教。この宗教は、バラモン教という宗教が発展・進化して生まれたものである。
　バラモン教の儀式では、「火」が非常に重要だった。供物を火の中に投じることで、それを神々のもとに届けられると考えた。そして火のなかに供物を届けるたびに「スヴァーハー」というかけ声をかけたのである。
　女神スヴァーハーは、このかけ声が発祥の女神である。もともと彼女は神話のなかに影も形もなかったが、やがてスヴァーハーとは火神アグニの妻の名前だという解釈が生まれ、ごくわずかながら女神スヴァーハーにまつわる神話もつくられた。ここで紹介する神話はそのひとつである。

女神の淫蕩ストーリー

スヴァーハーの神話に登場する、神々や女性たちの人物関係は、非常に複雑なものになっている。

女神スヴァーハーと、彼女が惚れた火の神アグニ、そしてアグニが惚れた7人の人妻たち。欲望と理性が複雑に渦巻き、偉大な成果と悲惨な結末を同時に招いた神話の内容をご覧いただこう。

ミッション！
堅物火神とベッドインせよ

火神アグニは、生真面目で堅物な男性神である。だが彼のような真面目な神にも性欲はある。困ったことに、アグニは人妻に惚れてしまったのだ。

インド神話の世界には、「聖仙」と呼ばれる、神とも人ともいえない賢者たちがいる。彼らはときに神々ですら屈服してしまうような特別な力を持っているアンタッチャブルな存在である。なかでも「七聖賢」と呼ばれる聖仙たちは強大な力を持っているのだが……火神アグニが恋慕してしまった相手は、なんとこの「七聖賢」に嫁いだ7人の人妻だった。

アグニはわき上がる性欲と戦いながら、必死でこのよこしまな欲望を沈めようとしていた。人妻とセックスするなど倫理に反するし、何より七聖賢の妻を寝取って彼らを敵に回したら、どんな報復を受けるかわからない。

一方、そのように苦悩しながら煩悩滅却の修行にはげむアグニを見つめる一対の瞳があった。彼女こそこの神話の主人公、スヴァーハーである。

スヴァーハーは苦悩するアグニの姿に惚れ、アグニに告白するのだが、アグニの胸中はあの美しい7人の人妻でいっぱいであり、スヴァーハーのことが目に入る余裕などなかったため、彼はスヴァーハーを拒絶してしまった。

他の女に夢中なら、
その女に化ければいいじゃない！

創造神ブラフマーの血を引くスヴァーハーには、アグニの悩みがしっかりと理解できていた。この真面目な神の心が、七聖賢の妻たちに向けられている以上、スヴァーハーが小細工を弄しても、アグニの心を自分に向けることはできないで

あろう……だが、小細工ではなく大仕掛けならどうだろう？

こうしてスヴァーハーは策を実行に移す。彼女は、アグニが横恋慕している七聖賢の妻のひとりに変身し、修行中のアグニを誘惑したのである。あこがれの人妻に誘惑されてアグニは抗しきれず、思うがままに交わって、（変装中の）スヴァーハーの中に精子を吐き出してしまった。成功に味をしめたスヴァーハーは、その後も別の七聖賢の妻に変身してはアグニを誘惑し、その身でアグニの子種を受け止めたという。だがスヴァーハーが7人目の人妻アルンダティーに変身しようとすると、彼女にだけは変身できなかった。アルンダティーは7人のなかで特に貞淑なことで知られていたからだ。

スヴァーハーは七聖賢の妻に変身してアグニの子種を受けるたびに、ガンジス川の聖なる水で満たした壺のなかに精液を移して保存した。やがて6回分の精子がおさめられた壺からは、6つの頭と12本ずつの手足を持つ軍神カルティケーヤが生まれたという。

なお、このスヴァーハーの策略で煽りを受けたのが、スヴァーハーに変装されてしまった6人の人妻たちだ。彼女たちはスヴァーハーのせいで、ありもしない不倫の濡れ衣を着せられ、夫と離婚するはめになってしまった。

彼女たちがアグニの子カルティケーヤに救いをもとめると、彼は離縁された人妻たちを空にあげた。これが冬の夜空に輝く「すばる」、ギリシャ星座でいうプレアデス星団である。スヴァーハーは、このように聖仙の妻たちに多大な迷惑をかけつつ、自分はちゃっかりアグニの妻の座に納まったという。

寝取りの真相は
神々による軍神誕生の策略だった！

スヴァーハーがアグニを誘惑したのは、単なる性欲によるものではない。

そのころ神々の世界では、悪の種族であるアスラ族の力が増大し、神々はアスラの奴隷のように扱われて屈辱的な生活を強いられていた。神々の首脳陣が話し合ったところ、カルティケーヤという軍神が生まれれば、アスラを倒し、神々を屈辱的な扱いから解放してくれることがわかった。

神々の占いの結果、カルティケーヤは火神アグニとガンジス川の女神ガンガーの子として生まれるのがよいとわかった。だがアグニは現在人妻に絶賛横恋慕中である。そこで神々はスヴァーハーを使わしてアグニの精液を奪い、精液を壺に入ったガンジス川の水に漬けることで、カルティケーヤがアグニとガンガーの息子として生まれるように仕組んだのである。

火神への祈りの言葉が神格化され女神となった

スヴァーハーの神話の物語展開はかなり強引で、しかも悪事を働いたスヴァーハーがまったく罪の報いを受けていないという奇妙な構成になっている。なぜこのような神話ができたのかというと、それはもともとスヴァーハーという言葉がアグニの儀式と深く関係していたため、スヴァーハーを女神として神格化する過程で、無理やりにでもアグニとの接点を作る必要があったからではないかと思われる。

淫蕩の真相 炎によって供物を捧げるヒンドゥーの文化

ヒンドゥー教は、人間の「穢れ」に非常に敏感な宗教である。人間は、人生のなかで極力「穢れ」に触れないようにすることで、霊的な位階を高めることができると信じられていた。

アグニが象徴する炎には、この「穢れ」を払う力がある。これは雑菌に汚染された生肉を食べれば腹をこわすが、肉が本格的に悪くなる前にしっかり火で焼けば安全だという生活の知恵が戒律化したものだと思われる。

そのためインドの人々は、供え物を神に献上するとき、献上物を炎で焼いた。すなわち火神アグニの力を借りて、供物を神々の世界に届けられると考えているのである。このとき神官は、供物を捧げながら呪文を唱え、最後にかならず「スヴァーハー」と唱えて供物の儀式を終える。

人々は供物の儀式の最後にかならず唱えられる「スヴァーハー」を、単なる呪文ではなく、供物を神々に届けてくれる火神アグニの補佐役にして妻だと考えるようになったのだ。

そして彼女の活躍の場を、軍神カルティケーヤ誕生の神話のなかに求めたのであろう。

南インドで現在も行われているバラモン教の儀式。炎（火神アグニ）のなかに供物を入れ、呪文を唱えて神との交信をこころみる。

兄とて構わぬ！人類のため関係迫る妹女神

ヤミー

英字表記：Yami
出身神話：インド神話

　ヤミーはヤマという男神の双子の妹である。このヤマというのは、死者の王であり、仏教における死者を裁く地獄の王、閻魔大王である。ヤミーはヤムナー河の女神であり、ただ一つを除いて大きな働きはしていない。その、彼女唯一の働きというのが、兄であるヤマを「近親相姦」に誘うというインモラルな行動なのだ。

その名は「双子」
「ヤミー」は双子の女性形である

人類の祖先
ヤマとヤミーは最初の人類、人類の祖先といわれている

夜の女神
昼の神であるヤマとは対照的に、彼女は夜の女神だとされる

生の象徴
死の象徴であるヤマとは対照的に生を象徴する

　ヤミーとヤマは、工巧神トヴァシュトリの娘サラニヤーが、太陽神ヴィヴァスヴァットと交わって産んだ最初の人類である。神話によっては両親が違う場合もあるが、最初に生まれた人類だということは変わらない。

　ヤマはその後、人類ではじめて死の道を発見し、死の世界の王となる。一方でヤミーが守護するヤムナー川は、ガンジス川最大の支流であり、インドにおいてはサラスヴァティー川、ガンジス川とともにもっとも神聖な三大聖河として崇拝されている。そして『リグ・ヴェーダ』には、ヤマの歌の他にヤマとヤミーの対話という讃歌が収録されている。その中でヤミーは兄であるヤマに自分とベッドをともにし、自分の夫となるように激しく迫るのである。

女神の淫蕩ストーリー

　実は神話において、兄弟や親子などの近親相姦は、まったくめずらしいことではないし、大抵において「神聖ですばらしいこと」だと解釈されている。
　ではなぜ彼女を「淫蕩」だと呼ぶのか。それは兄が近親相姦を「嫌がった」にもかかわらず、嫌がる兄を押し切ってまで近親セックスにこだわり、みごとにそれを成功させたからである。

世間体よりアタシを抱いて！
実妹ヤマの猛烈アタック

　神話『リグ・ヴェーダ』に収録された「ヤマとヤミーとの対話」は、対話型讃歌の傑作のひとつに数えられていが、その内容は、妹が兄に対して近親相姦を迫る様を赤裸々に描くという、お昼のドラマで放映したら大ヒットしそうな過激きわまるものである。

　兄ヤマと子作りセックスしたい妹のヤミーは、指導者は父のために、そして地上の未来を考えて孫を産むべきだ、というところからはじめ、「神々もそれを望んでいるので、夫として私の体に入れ」だの、「創造者の胎内で自分とヤマはすでに夫婦となっているのだから、自分たちが交わるのは何の掟を破ることにはならないし、天も地もこのことは知っている」とさまざまな角度からヤマの心を動かそうとする。彼女の発言は具体的な性生活にもおよび、「妻が夫にするように同じ寝床に寝てその体をゆだねたい」、「体が引き裂かれるごとく、敵の戦車の車輪を引きちぎるようにセックスしよう」と激しく迫る。

　ヤミーの説得は硬軟織り交ぜた巧妙で情熱的なものだ。「夜も昼もあなたにかしずくから」と言って兄の欲をあおり、「近親相姦の罪は私が責任を取る」と言って罪悪感を薄める。「対になっている自分とヤマは天地と同じ縁で結ばれている」と宿命論まで持ち出してくる。さらには「子孫を残すことができないのならば、祖先をこの不幸から守ることができないならば、兄や妹ということになんの意味があるのか、ヤマの臆病者」と罵倒したり、そうしなければヤマが他の女性と交わるであろうことに嫉妬もしてみせる。

　ヤミーの言葉、最後の方は自分を受け容れないヤマへの恨み言になっている。『リグ・ヴェーダ』は、少なく見積もっても3200年以上昔にまとめられた文

献だが、こうしたときの女性の言動は昔から変わらないらしい。言われるヤマはさぞかし居心地が悪かっただろう。

　一方のヤマは妹を妻とすることにはとても消極的で、「神様たちが見てるから」とか「やっぱり悪いことだから」と、どうにか逃げようとする。しかしどんどんヒートアップするヤミーにうんざりしたのか、「神々が望んでいるとか、もともと夫婦とか、誰も見たことも聞いたこともないことでいい加減なことを言うな、そんなにセックスしたければ他の男探してやんなさい、他の人とセックスしなさい」と繰り返した。さすがは、のちに日本や中国の仏教で「閻魔大王」として知られることになる厳格なヤマである。悪いことは毅然と断り、妹を正道に戻そうとする真面目さが伝わってくる。

『リグ・ヴェーダ』では、この対話の決着ははっきり記されていないが……実はこのふたりは「人類の祖」とされている。つまり結局ヤマは、なんだかんだいってヤミーに押し切られ、ヤっちゃったらしいのである！　死後の裁判で閻魔大王に会ったら、ぜひ「やっちゃったんですか」と聞いてみたいものであるが、そのおかげでわれわれ人類が生まれたのだから、触れないでいてあげるのが優しさというものかもしれない。

　この讃歌が人類発生の起源に触れていながらその結果に直接触れていないのは、近親相姦の罪を浄めるため、などと解釈されている。やはりヤマが避けていたように、ヤミーとの行為はタブーに触れていたのである。

淫蕩エピソード　妹には押し切られたけどやっぱり偉いヤマお兄ちゃん

　最後にはヤミーの情熱に負けたのか、内心ではヤミーを愛していたのか定かではないが、人類の祖となってしまったヤマ。しかし、彼のもう一面は、インドにおける死者の王である。しかし、のちの閻魔大王のイメージとは異なり、『リグ・ヴェーダ』の中には、人々が死んだ後に悪事をはたらいた者を罰する、という審判者としての姿は描かれていない。

　このころのインドでは、死後の世界は地下ではなく、ヤマが住む最高天にあり、人間は地上で長寿を全うしたあとにヤマの世界に行き、そこで先祖の霊とともに永遠に幸せに暮らすとされていた。

　時代が下るにつれ、ヤマに「死者に裁きを与える」性格が出てくる。彼はヤマの法、ヤマの正義という意味の「ヤマダルマ」と呼ばれるようになり、人間の生前の行為から善悪を査定して、罪の深さに応じた地獄に送り出すのだ。

世界を革命するには近親相姦が最適

淫蕩の真相

『リグ・ヴェーダ』本編では結末は明記されていないものの、ヤミーの想いは通じ、ヤマとヤミーは人類の祖となった。ヤマにあれほど拒まれながらもヤミーが兄と夫婦になりたがったのはなぜか。それは人類を存続させるということが、それだけパワーの要る行為だったからに他ならない。

淫蕩の真相 近親婚、それは危険な原初の炎

自分に近い血筋の異性と関係を持つ近親相姦は、一般的には禁忌として避けられる行為である。事実、ヤマもヤミーの求愛を拒絶しようとしている。その一方で多くの神話では、そのはじめの時期に、最初に生み出された男女が親しい間柄でありながら交わって子をなす、近親相姦的な行為が行われる。この近親相姦は、宇宙や文化の重要な要素を生み出したり、人類や世界そのものを生み出す際に行われる。

日本人に身近な兄妹の結婚といえば、日本神話のイザナギとイザナミである。このふたりは日本の国土とそこに住む神々を生み出した。その後、女神であり妹のイザナミが黄泉の国に行って死の神となり、兄のイザナギが生の神となって単独で神々を生み出すのは、死の神ヤマと生命の女神ヤミーとは男女が逆転しているものの、初めに夫婦となった兄妹が生と死を司る存在になるという点で興味深い。もっとも、ヤマとヤミーは神話の中で、イザナギとイザナミのような対決姿勢はとっていなかったが。

日本神話には他にも近親相姦的な関係から生まれた神がいる。また、ギリシア神話も、その始まりは母ガイアと息子ウラノスがティタンを生み、それを倒したゼウスは姉妹であるヘラを妻としてまた神々を生み出している。

しかし、一度世界が生み出されて、そこに何らかの秩序が定まると、近親婚は一転恐ろしい禁忌となる。また、原初の近親婚でもさまざまな異形のものが生まれる場合もある。近親婚は秩序を超えたパワーであるために、すべての始まりには必要だが、それ以後は秩序を破壊しかねない行為として禁止されるのだ。ヤマがヤミーの愛を恐れたのは、その行為が世界を揺るがす危険があるのを知っていたからではないだろうか。

堅物仙人を色気で堕とせ!

メーナカー

英字表記:Menaka
出典:インドの神話『ラーマーヤナ』『マハーバーラタ』

　メーナカーは、124ページで紹介したウルヴァシーと同じ、水の精霊アプサラスの女性である。ウルヴァシーのページでも紹介したとおり、インド神話のアプサラスたちは全員がびっくりするほどの美女で、全身から色気を放っている。メーナカーはこのお色気を最大限に活用して、神々から与えられた重要任務に挑む。それは「ハニートラップ」である!

水の精霊
メーナカーは、水の精霊アプサラスの一員である

服装
身にまとっているのは、体に巻き付けた薄衣一枚だけ

エージェント
雷神インドラの部下であり、色香を武器に任務を遂行する

育児放棄
セックスと妊娠は任務達成の手段であり、産んだ子供を育てない

　インドの水の精霊アプサラスのひとり。124ページで紹介したウルヴァシーは、夫に尽くす一途な女性だったが、彼女はアプサラスのなかでは例外的な存在である。通常、彼女たちは享楽的な性質を持ち、特定の夫と結婚せずにフリーセックスを楽しむことが多い。

　また神々のなかには、アプサラスの抵抗しがたい魅力を得難い資質と考え、彼女たちをスパイとして活用する者がいる。メーナカーの上司である雷神インドラもそのひとりだ。

聖仙ヴィシュヴァーミトラに、子供の認知を拒絶されるメーナカー。19世紀末インドの画家ラヴィバルマ画。

女神の淫蕩ストーリー

インドには国を代表する英雄物語がふたつある。『ラーマーヤナ』と『マハーバーラタ』である。このふたつの英雄物語のなかには、メーナカーが女工作員としてハニートラップ任務に挑み、みごとに任務を達成してみせた物語が、それぞれ異なる内容で紹介されている。双方の物語を紹介していこう。

 雷神インドラが
メーナカーを送り込んだわけ

両文献に共通する記述によれば、インド神話の雷神インドラは、ヴィシュヴァーミトラという名前の修行者のことを警戒していた。

彼はもともと「クシャトリヤ」と呼ばれる王族・戦士階級の出身で、神々と比べれば取るに足らない力しか持っていなかった。あるときヴィシュヴァーミトラは、神々にも等しい力を持つ「聖仙」ヴァシシュタと戦って敗北し、自分の無力さをなげいて、自分も聖仙になることを志したのだ。

インド神話の世界では、人間はあらゆる欲望を断ち、自分の体を痛めつける「苦行」を行うことによって、最高神ブラフマーから苦行の報酬として力を受け取ることができる。ヴィシュヴァーミトラは熱心に苦行に励んだ。

これに危機感を抱いたのが神々だった。ヴィシュヴァーミトラが目指している「聖仙」は、ときに神々を上回るほどの強大な力を持っている。彼の苦行を達成させてしまったら、自分の手に負えないほど強大な聖仙が産まれてしまうかもしれない！ そこでインドラは考えた。苦行を失敗させてしまえば、あの男におびえる必要もなくなるではないか、と。

そこで選ばれたのがメーナカーだった。インドラは彼女に、ヴィシュヴァーミトラの苦行を妨害し、失敗させるよう命じて送り出したのだ。

 全裸水浴びで誘い受け！
『ラーマーヤナ』のハニトラ作戦

『ラーマーヤナ』でのメーナカーがとった作戦は「誘い受け」だ。彼女はあらかじめ苦行中のヴィシュヴァーミトラの行動パターンを把握すると、彼が聖なる川プシャカラに行くタイミングを見計らって、プシャカラ川で全裸になって水浴び

をしてみせたのだ。

メーナカーの水浴びと鉢合わせになったヴィシュヴァーミトラは、彼女の豊満なボディラインとむせかえるような色気にやられてしまい、彼女にすっかり夢中になってしまった。そして彼は自分の修行小屋にメーナカーを連れ込み、彼女とのセックスに明け暮れたのである。

肉欲にまみれた生活を送ること10年、やっとヴィシュヴァーミトラは正気に戻り、肉欲に溺れたことによって自分の苦行が無に帰していることを理解した。そしてメーナカーが雷神インドラの手の者であることにも、すぐに気がついた。このときメーナカーは赤子を身ごもっていたが、彼は子供の認知を拒絶してメーナカーを追放した。メーナカーは産み落とした赤ん坊をヒマラヤ山中に捨て、天界のインドラのもとに帰ったという。

 神の力でマッチポンプ！
『マハーバーラタ』のハニトラ作戦

『ラーマーヤナ』が誘い受けなら、『マハーバーラタ』のハニートラップは、自作自演のマッチポンプ式だった。

メーナカーはあらかじめ、インドラの友人である風神ヴァーユと、愛の神カーマの協力を取り付けて任務に臨んだ。まず彼女は、まだ聖仙目指して修行中のヴィシュヴァーミトラに「"聖仙"の教えを請いに来たのです」などとおだてて取り入った。さながら夜のお店で「社長さん社長さん」と言われて鼻の下を伸ばすオジサンのようだが、悲しきは男の性というところか。

ヴィシュヴァーミトラがメーナカーに注目したところで、仕込んでおいたマッチポンプが火を噴いた。まず風神ヴァーユが突風を吹き起こし、メーナカーが着ていた薄衣の服を全部脱がして空中に吹っ飛ばしてしまう。メーナカーはあわてたふりで服を追いかけたが間に合わない。彼女は全裸のままでその場にしゃがみ込み、真っ赤な顔で俯いて恥じらいの演技をする。そしてとどめに愛の神カーマが、なまめかしく豊満なメーナカーの裸身の魅力を、これでもかとヴィシュヴァーミトラに吹き込んだのだ。

神をも惑わすアプサラスの色香が、ハプニングと恥じらい、そして愛の神の神力で増幅されれば、ヴィシュヴァーミトラが500年の修行で身につけた克己心など風船のように吹き飛んでしまう。

ヴィシュヴァーミトラは『ラーマーヤナ』のときと同様に、メーナカーの体に溺れ、これまでの修行の成果を失ってしまったのである。

インド社会の身分間対立を神話の形でプロパガンダした

　メーナカーのハニートラップにかかった修行者ヴィシュヴァーミトラは、メーナカーに敗れて一度は失敗するが、このあとも不屈の闘志で修行をやりなおし、最終的にバラモン階級の一員に認められている。

　この神話の背景には、インドの身分制度と身分間対立がある。

淫蕩の真相　クシャトリヤ階級に対するマウンティング神話

　インドには20世紀まで、俗に「カースト制」と呼ばれる身分制度があった。カーストの身分制度は、身分の高低をあらわす「ヴァルナ」と、細かい職業をあらわす「ジャーティ」の組み合わせで運用されていた。

　インドのヴァルナには、以下にあげる4つの階層がある。

バラモン……聖職者・司祭階級。信仰に関する仕事だけをする。
クシャトリヤ……王侯、軍人階級。領地を防衛し統治する。
ヴァイシャ……商人、職人階級。商工業にたずさわる。
シュードラ……平民階級。おもに農業や、汚い仕事を行う。

　4層のヴァルナは上に行くほど偉く、バラモンがもっとも偉大で尊い存在だと教えている。だが実際には、バラモンの権力は宗教の中だけにとどまり、世俗社会では軍事力を抑えているクシャトリヤの発言力が強かった。つまりバラモン階級とクシャトリヤ階級はライバル関係にあるのだ。

　今回紹介した神話はバラモン階級が作ったものだ。まずクシャトリヤであるヴィシュヴァーミトラが、バラモンである聖仙に簡単に敗れる描写で、バラモンの絶対的優位を示す。そしてヴィシュヴァーミトラに、クシャトリヤ階級を捨てる決断をさせるのだ。

　しかし、少し苦行したくらいでクシャトリヤがバラモンになれてしまっては、バラモンの威厳が保てない。そこで神話の作者は、ヴィシュヴァーミトラにとてつもない苦行をさせることによって、クシャトリヤ階級とバラモン階級のあいだには、こんなにも大きな差があるということを示そうとしたのだ。

　メーナカーによるハニトラ誘惑のイベントは、バラモンを目指す苦行の困難さを示すための、障害物のひとつだったのである。

アステカ神話は死と性交と再生の香り
ショチケツアル&シロネン

英字表記：Xochiquetzal／Xilonen
出典：アステカ神話

　現在のメキシコ南部、アステカ地方にあった「アステカ文明」は、神々に人間の生け贄を捧げる風習があったことで世界に知られている。
　このアステカ文明には、「アステカ神話」という、多くの神々を有する神話体系があった。女神ショチケツアルとシロネンはアステカの女神で、セックスと死と再生にまつわる信仰形態をもっている。

外見（ショチケツアル）
咲き乱れる花を神格化した女神で、全身に花があしらわれている

外見（シロネン）
穂を出したばかりのトウモロコシの女神であり、幼い姿で描かれる

羽根飾り（ショチケツアル）
ケツァールという色鮮やかな鳥の羽根2本で飾られている

所持品（シロネン）
手にトウモロコシの穂を持った姿で描かれることが多い

　ショチケツアルとシロネンは、どちらも植物への信仰を土台にして生まれた女神である。
　ショチケツアルは春に咲く花の女神であり、若々しい生命力と官能的な美を表現する。織物や工芸品の職人、そして売春婦などに信仰された。
　シロネンは、重要穀物「トウモロコシ」を守護する女神の1柱だ。彼女は穂を出したばかりの若いトウモロコシの守護神である。トウモロコシが成熟すると、別の女神に守護役をバトンタッチする。

アステカの絵文書「コデックス・ボルジア」より、ショチケツアル（上）。下は幼穂の女神シロネンのあとを引き継ぎ、収穫後の種播き用トウモロコシを守護する女神チコメコアトル。

女神の淫蕩ストーリー

ショチケツァルとシロネンは、植物の生長に関わる女神であることのほかに、重要な共通点がある。

それは、アステカ神話でもっとも強大な力を持つ2柱の神、夜と戦いの神テスカポリトカと、水と文明の神ケツァルコアトルのうち、テスカポリトカ神のほうの儀式に深く関わっていることである。

最初に確認！
テスカポリトカとはどんな神？

女神ショチケツァルとシロネンに言及する前に、まずはこの2柱の女神と深い関わりを持つ儀式の主役、テスカポリトカについて言及しておこう。

テスカポリトカは、黒い肉体を、黒と黄色の縞模様で彩った姿で描かれる神である。神話上の戦いによって右足を失っており、右足には黒曜石の義足か、足のかわりに蛇が生えている姿で描かれる。

アステカでは太陽信仰が盛んであり、神は太陽の役目を務めることで最高神だとみなされる。テスカポリトカはもっともはじめに太陽神になった偉大な神で、のちに別の神に追い落とされて太陽神の地位を譲ったあとも、重要な神として崇拝され続けた。その性質は、夜、黒曜石、敵意、不和、戦いなど、闇や闘争と関連づけられている。

神話において、テスカポリトカは、水神トラロックの妻だったショチケツァルを誘拐し、自分の妻にしてしまったことがある。彼とショチケツァルの関係は、この神話を根拠としているのだ。

神の化身になろう！
アステカの奇祭「トシュカトル」

ショチケツァルとシロネンが重要な役割を果たすのは、テスカポリトカの祭りである「トシュカトル」という祭りである。

アステカでは、一年を365日と定め、20日が1ヶ月となる全18ヶ月の暦を敷いていた。このうち5番目の月、おおむね現代の5月上中旬にあたる時期を「トシュカトル」と呼んでいる。この月は穀物、おもにトウモロコシの種を畑にまく季

147

節であり、作物の豊作を祈願する祭りが行われる。

　トシュカトルの祭りは1年前から始まっている。トシュカトルの最後の日、アステカの神官たちは、戦争で捕虜にした敵国の男たちから、今後1年間にわたってテスカポリトカ神の役を務める男性を選び出す。彼はそれから1年間、神として崇拝され、これまでは食べることも叶わなかった豪華な食事をとりながら、音楽、詩、演説などについての高度な教育を受ける。神の化身にふさわしい教養を身につけたら、この男性はテスカポリトカ神の衣装を身につけ、8名の従者を従えて、さまざまな儀式をこなしていく。

　そして1年が過ぎ、祭りの本番となるトシュカトルの月。テスカポリトカの化身となった男性は、世にも淫らで恐ろしい儀式の主役となる。

　トシュカトルの最初の日、神の化身となった男性は、神官たちが選び出した4人の処女と結婚する。彼女たちはみな女神の化身なのだ。女神の名は本稿で紹介しているショチケツァルとシロネン、そして大地の女神アトラトナンと、塩の女神ウィシュトシワトルである。彼は4人の処女とベッドをともにし、月が終わるまでの20日のあいだ、最高の快楽を味わうことになる。

収穫の時、来たる。「トシュカトル」の結末

　テスカポリトカの化身と、女神の化身の5人組は、トシュカトルの月の最後の5日間、各地の祭壇で奉納の舞を踊る。そして最後の歌舞を終えると、儀式のクライマックスがやってくる。多くの人が見守るなか、テスカポリトカの化身は神の装束を身にまとって祭壇を登っていく。最上段にたどりつくと、そこには神官たちが待ち構えている。彼らは神の化身を供儀台（くぎだい）の上にあおむけに寝かせ、彼の胸を刃物で切り開いて心臓を取り出すのだ。ぴくぴくと痙攣する心臓を、神々がおわす天に向かって掲げ、儀式は完成するのだ。

　20日のあいだ夫婦として交わった男性が死んだあと、ショチケツァルやシロネンなど女神の化身とされた女性たちはどうなるのか。実はこちらも夫と同じ運命をたどることになっている。彼女たちは死によって若い生命力を解き放ち、宇宙全体に豊作の喜びをもたらすのだと信じられていた。

　ちなみにシロネンの化身は別の儀式でも選び出されることになっている。そちらの儀式では、シロネンの化身となった娘は仰向けの姿勢となり、その首をすっぱりと切り落とされる。これは、トウモロコシの穂が、茎からもぎ取られる様子を模したものであるらしい。

作物の生長と収穫はアステカ神話の再現である

トシュカトルの儀式は毎年行われ、男性ひとりと女性4人が犠牲となった。しかも生け贄の儀式はトシュカトルだけではない。アステカの人々は、なぜそこまで生け贄を求めたのだろうか？ なぜなら彼らは、神々に生け贄を捧げなければ世界の仕組みが破壊され、文明が滅ぶと考えていたからだ。

淫蕩の真相 生け贄は、農業神への燃料補給だ

アステカ人が毎年生け贄の儀式を必要としたのは、トウモロコシが種から発芽し、成長して穂をつけて収穫され、大部分は食べられ、一部が来年のための種となることを、アステカ神話の再現だと考えていたからだ。アステカ神話で語られているさまざまな物語は、世界を正常に運行していくために必要な儀式のテキストでもあるのだ。

アステカ神話の神々は、神話で語られた物語と同じように、年単位で世界を循環させているが、彼らは力を振るうためにエネルギーを必要とする。人間が神々のためにエネルギーを提供しないと、神々は満足に働くことができないのだ。その結果として作物は不作となり、食糧が不足して人々は飢えてしまう。そのため人々は、神々に生け贄を捧げて、毎年のお仕事で力を消費してしまう神々のために活力を補充するのである。

なお、アステカでは「トシュカトル」以外にも、生け贄を必要とする儀式が多くあった。アステカの暦が太陽暦にもとづいて18に分かれることを147ページで説明したが、18個ある月のうち半数以上で生け贄を必要とする儀式が行われている。その大部分が農業に関わるものだ。食糧の生産こそが国家の最大の関心事だったことが、ここからもよくわかる。

ちなみに148ページの最後で紹介したシロネンの祭りは第9の月にある。この時期は現代の暦でいう7月中旬ごろにあたり、畑ではトウモロコシの穂が出て、徐々に熟していく月である。

そこで人々は、トウモロコシの幼穂の女神であるシロネンに、人間の生け贄を捧げて力を与える。彼女がトウモロコシを大きく育てて、「熟したトウモロコシの神」に引き継いでくれることを願うのだ。

子供も孫も食べちゃうゾ
ハウメア

英字表記：Haumea
出典：ハワイ神話

太平洋の北部にぽつんと浮かぶ、ハワイ諸島。

日本人からは観光地として愛されている、このアメリカ領の島は、かつてはハワイ王国という独立国であり、アメリカ本土とは異なる独自の神話を持っていた。このページで紹介するハウメアという女神は、ハワイの国土を作った、偉大でエッチな大地母神である。

変身能力
いくつもの姿を使い、そのたびに名前を変える

聖杖マカレイ
彼女が持つ木製の杖には、魚を呼び寄せ、作物を実らせる力がある

近親相姦
自分の子孫と何世代にもわたって交わり続けた

若返り
聖杖マカレイの神通力により、年を取っても肉体を若返らせる

ハウメアは、ハワイ人が暮らす大地を産むとともに、大地の上で暮らす動植物や人類の祖先となった女神である。

彼女は「キノラウ（化身）」と呼ばれる変身能力を持ち、8つの姿を持つともいわれている。彼女は姿を変えるだけでなく名前も変えてハワイの神話に関わっている。ハワイ神話の原典である歴史書『クヌリポ』には多数の女神が登場するが、実はその一部は、ハウメアが変身したものなのだ。また、彼女は神や人間だけでなく、動植物にも変身することができるらしい。

ハウメアが変身した女神のなかで特に有名なのは、創造神話に登場する大地の女神パパがあげられる。彼女はワケアという男性の神と結婚して、ハワイ諸島の主要な島を産んだ、まさにハワイの産みの親である。

Nasty goddess in Asia,America,Oceania アジア、アメリカ、オセアニアの淫蕩な女神

女神の淫蕩ストーリー

　神話の世界では、神々の近親相姦は決してめずらしいことではなく、特にタブー視もされない場合が多い。だがそれでも「父と娘」「母と息子」の親子相姦は良くないこととみなされる傾向がある。

　ところがそれはハウメアにはあてはまらない。彼女は母親として息子と交わるばかりか、孫ともひ孫とも交わり続けた神話の持ち主なのだ！

大地母神の七変化！
ハワイの女性はみんなハウメア!?

　ハワイ神話の大地母神であるハウメアは、ハワイ神話の神々の母親である。彼女はハワイで人気のある女神たちの母親なのだが、妙な場所から娘たちを産み落としている。たとえば火山の女神ペレは、ハウメアの太ももから生まれた。女神ヒイアカは手のひらから、女神カウカアヒは、なんとハウメアの脳みそから生まれている。

　さて、このように大地母神として「産む力」を存分に発揮しているハウメアであるが、本書はあくまで『本当は淫蕩な女神たち』である。ただ男性とセックスしてたくさん子供を産んでいるだけでは「淫蕩」とは言い難い。ではこの本になぜ彼女が紹介されているのかというと……彼女は子孫を増やすことに熱心であるあまり、「節操」がなさ過ぎるのだ。

　上記のとおりハウメアは多くの女神を産んだが、男性の神も産んでいる。男の子が成人すれば結婚相手が必要だが……ハウメアは、自分の息子たちと結婚してしまうのである。もちろん息子たちの母親が全員同じ女神というのは体裁も悪いし息子たちのメンタルにも良くない。そこでハウメアは、得意の変身能力を使って、姿形と名前を変えてまで息子たちの子を孕むのだ。

　こうして孫世代が産まれれば、ハウメアは孫の男子にも手を出す。その子も、その子も……といった具合で、彼女はなんと10世代にもわたって、自分の子孫たちとセックスし続けたのである。

　ハウメアの産む力が、ハワイの神々の拡大に役立ったのは事実だろう。しかし男性側の視点から見て、自分の母親であり祖母であり曾祖母でもある女性と子作りするのは、どんな気持ちだったのかと想像もしてしまう。

島も植物も人間も！産んで産んで産みまくる！

　ハウメアの人生はセックスと出産の繰り返しである。姿と名前を変えて男性と交わり、子供を生んで育てる。すると別の場所ではまた別の姿になったハウメアが男をつかまえ、次の出産のためにセックスに励むのである。

　ハウメアが産んだ子供のなかでいちばんの「大物」は、ハワイをかたちづくる島そのものであろう。ハワイ諸島は大小19個の島と岩礁から成り立つが、これらはすべて男女の神々の交わりで生まれたとされている。この神話に登場するパパという女神が、ハウメアの変身体である。性別がまぎらわしいが、「パパなのに女性」というと覚えやすいかもしれない。

　ハワイの島々の誕生神話では、複数の男女の思惑が入り乱れたドロドロの昼メロ展開が繰り広げられる。まず最初に男神ワケアと、ハウメアの変身体であるパパが結婚し、ハワイ島、マウイ島、カホオラヴェ島という、列島の東側にある主要な島々が生まれた。

　だがそのあと、ワケアとパパは仲違いしたのか、パパは遠く離れたタヒチ島に帰ってしまう。残されたワケアはちゃっかり浮気して、女神ヒナとのあいだにモロカイ島、女神カウラワヒネとのあいだにラナイ島を作った。

　これに怒ったのが実家に帰っていた女神パパである。「なら、あたしだって浮気してやる！」と言ったかどうかは定かでないが、ともかくパパはルアという男神と浮気してオアフ島を生んだ。オアフ島は先の浮気でできたモロカイ島やラナイ島より大きく、大地母神の面目躍如と言えよう。女神としての力を見せつけてすっきりしたのか、パパはワケアと仲直りして、カウアイ島とニイハウ島を産み落とした。こうしてハワイ諸島の主要八島が誕生したのだという。

老いてなお盛ん！生涯現役の大地母神

　ハウメアは世界の神話に登場する多くの神々と違って、不老の存在ではなかったようだ。ハワイの神話を天地創造からまとめた、日本の『古事記』に相当する歴史書『クヌリポ』では、ハウメアは年を取るにつれて、乳は垂れ、腰が曲がり、視力が低下し、性格もひねくれて気むずかしい頑固ばあさんになってしまったと書かれている。しかしそうなってからもハウメアは「犬のように淫らに」子作りを続けたということだ。

淫蕩の真相　土地を大事にする島国気質がハウメアの多産神話を生んだ？

　ハウメアが、なぜこれほどまでして息子たちと交わり続けたのか、『クヌリポ』をはじめとする神話には明確に記されていない。

　その原因は推測するしかないが……もしかすると「島国」ならではの人々の気質が関わっているのかもしれない。

淫蕩の真相　島と作物は人類の親戚だった

　ハウメアによるハワイ諸島の出産神話を見ていると、わが日本の神話において、イザナギとイザナミの夫婦神が矛で海をかき混ぜ、矛からしたたり落ちた雫が凝り固まって日本列島になったという神話を連想する。

　わが日本もハワイも、大陸から遠く離れた海に浮かぶ島国だから、その気質には似通ったものがある。ハワイ人は自分たちが住んでいるハワイ諸島の「土地」を非常に大事に、丁重に扱うのだ。なぜなら島国の土地の広さは限られており、今住んでいる土地がダメになったら、大陸の遊牧民のように別の場所に移り住むことはできないからである。

　話は少し変わるが、ハワイの人々の主食はタロイモという芋である。また、パンノキという樹木の果実もカロリー源としてよく食べられている。

　ハワイの神話では、このタロイモは、死産してしまったハウメアの孫であり、人間はタロイモの弟にあたると教えている。そのためハワイの人々は、自分たちのお兄ちゃんであるタロイモを大切に育て、食べるのだ。そして神話では、パンノキはハウメアそのものであると教えており、こちらもハウメアのもたらす恵みに感謝して果実をいただく。

　自分たちの生活を支えている土地や作物が、ただのモノではなく血縁関係のある親類なら、皆が生活のなかで土地や作物を大事にすることにつながるだろう。ましてやただの親戚ではなく、兄や弟のような、ごく近い血縁の親類だと考えれば……？　証拠はないため、あくまで筆者の想像の域を出ない話ではあるが、かつてハワイの神話を作った人々は、ハワイの国土と重要作物を人々が大事に扱うように、「万物はハウメアの息子であり、皆が兄弟なのだ」という神話をつくりあげたのかもしれない。

特別附録 『本当は淫蕩な女神たち』淫蕩用語集

　この『本当は淫蕩な女神たち』では、日常生活ではあまり使われることがなかったり、意味が曖昧なまま使われている、性や倫理にまつわる単語が多数登場した。
　このページでは、そんな単語のなかから8種類を選んで、くわしい意味や使われ方を紹介する。

淫蕩用語集①　近親相姦

血縁の近い男女による性交渉のこと。多くの文化において禁忌とされる。日本では三親等までの近親間による結婚は認められない。

アメノウズメ

「親等」を知るには、血筋をたどって数を数えればいいよ。例えばイトコなら、「自分→親→祖母→親の弟→イトコ」で、矢印が4つあるから四親等だね。日本ならイトコ婚は合法だよ！

ティアマト

とはいっても、神にとっては近親相姦なんて当たり前だけどね？だって、そもそも世界に自分のお兄ちゃんや息子……ようするに「近親」しかいないことが多いんだもの。

淫蕩用語集②　穢れ（ケガれ）

人の常識から見て、忌まわしく思われる不浄な状態のこと。物質的な「汚れ」と、精神的な「汚れ」をひとまとめにしたもの。

ヤミー

あー、迷信だと思ってバカにしてるでしょー。でもインド人って、穢れを避けるためにウンチや血液に触らないようにしたから、病気や感染症をけっこう予防できたんだぞー。

スヴァニーハー

ただ、最近は問題も……聖なる川ガンジスは、あらゆるものを清めるはずなのですが、インド人が増えたせいでガンジス川の水が汚くなって、むしろ病原菌の巣窟になっちゃってるんですよ。

特別附録 『本当は淫蕩な女神たち』淫蕩用語集

淫蕩用語集③ 原罪

『旧約聖書』において、最初の人間アダムが犯した罪のこと。全人類が先祖アダムの罪「原罪」を負っていると考える。

リリス: 何千年も前のご先祖様の罪を背負って生きるなんてバカらしいわよねぇ？ そんなの放っておいてこっちにいらっしゃい？ 今なら私の娘たちとエッチしほうだいよ～♡

フール: ああっ！ リリスさん、また人間のみなさんを誘惑してる！ だめですよ？ みなさんはこれからアッラーに帰依して、天国で私たちとエッチするんですから！

淫蕩用語集④ 神聖娼婦

宗教上の儀式として売春を行う女性。彼女たちとの性交は女神との性交であり、男性に女神の加護を与えると考えられていた。

イシュタル: 神聖娼婦といえば、この私、イシュタルの巫女たちね。私の神聖娼婦のなかには、エンキドゥっていう頭が野獣なバーバリアンを、七日間耐久セックスで人間メンタルに戻したすごい子もいるわ。

アフロディーテ: ほんと、昔はよかったわよねぇ。ウチの神聖娼婦は社会的地位も高かったんだけど。キリスト教が「娼婦は悪」だって決めてから、みんな町の片隅に追いやられて、肩身が狭くなっちゃったの。

淫蕩用語集⑤ 性交中毒

性依存症の一種。性欲抑制の欠如が原因とされる立派な病気で、男性なら「サチリアジス」、女性なら「ニンフォマニア」と呼ばれる。

ネフティス: アメリカの精神医学界が決めた定義によると、1日平均で2時間以上をセックスに費やす人は「重度の性依存症」だそうです。つまり1日平均24時間のヌット母さんは……手遅れ、ですね。

ヌット: ええ、手遅れだなんてひどいわ。アタシはただ、一秒でも長く、愛するダーリンとつながっていたいだけなのに。ねー♡（夫のゲブにすり寄る）

淫蕩用語集⑥ 托卵（たくらん）

子供の父親を偽り、血縁関係のない親に子供を養育させる行為。他の鳥の巣に卵を産むカッコウの生態を人間の行動になぞらえたもの。

ジャヒー：最近はこの国でも托卵が流行ってるんだってねぇ。結婚してる女と不倫して、種付けした子供を旦那に育てさせるんだろ？　いいじゃないか。ダエーワ（悪魔）の素質があるよ。

アリアンロッド：そうそう。女だってさ、子供なんて適当な男にブン投げて、自由に生きればいいのさ。子育てのせいで、自分がやりたいこともできないなんてばかばかしいよ。アンタもそう思うかい？

淫蕩用語集⑦ 不倫

本来の意味は、倫理に反すること。現在では、特に「結婚契約を結んだ男女が、それ以外の男女と性交すること」を指すことが多い。

スヴァニーハー：ちなみに、倫理に反するセックスのことを「姦通」っていうの。なはは……私がやっちゃった「他人に変装してセックス」は、完全に「姦通」だよ、言いわけできないかなって。

シュリー：身分が違いすぎて結婚できない男女のセックスも「姦通」に含まれます。インドではいまだに、身分違いのせいで「姦通」呼ばわりされて私刑を受けてしまう人が出るのですよ。

淫蕩用語集⑧ 両性具有

男女両方の性的特徴を持つ存在。医学的には「真性半陰陽」といい、睾丸（こうがん）と女性器の両存、卵巣と陰茎の両存など多彩な症例がある。

メイヴ：神話に出てくる創造神のたぐいは、両性具有で、ひとりで神々を産み出すことが多いと聞くのう。しかし、どうやって孕むのじゃ？　子宮に精液を入れねば孕めぬではないか。

ネベトヘテペト：そうは言っても両方ついとるんやし、男の子のほうがムラムラしたら、女の子のほうに入れるために神の力くらい使っちゃうん？　ウチの場合は、しごいたったら出たもんから生まれたけどな……♡

あとがき

セックスは、人類という種の存続に必須の行為であると同時に、
男女間の最良のコミュニケーション手段であり、
万人にとっての娯楽でもありました。

近年、世間では「性の解放」「性癖の多様化」が
語られるようになって久しいですが、
神話のなかで語られている赤裸々な性の物語を見てみると、
「昔の人もなかなかレベルが高いな！」と驚きます。
「セックス＆バイオレンス」が、現代の娯楽作品がヒットする条件といわれるように、
下世話な話は古代においても、人々の興味を集めたのです。

本書は『本当は淫蕩な女神たち』というテーマをもとに、
淫らな行為を行った女性に焦点を当てていますが、
本書の内容を楽しめた方には、
ぜひ「男性が主役の淫らな神話」にも注目してもらえればと思います。

特にギリシャ神話には、最高神ゼウスの神話を筆頭に、
男性の神が女性のお尻を必死で追いかける神話や、
現代の特殊性癖の呼称の語源となった神話など、
楽しい「エロ神話」が目白押しです。

そして『本当は淫蕩な女神たち』を第一弾としてお送りした
「本当の世界」シリーズは、
神話、伝説、歴史など、世界の表舞台で華々しく紹介された存在に隠されていた、
おおっぴらに語れないウラ事情をお楽しみいただく書籍シリーズです。

第二弾でも、読者のみなさんが「え〜？　本当!?」とツッコミたくなるような、
面白い「ウラ話」をお届けする予定です。
第二弾の発表を楽しみにお待ちください！

2019 年 2 月　TEAS 事務所

イラストレーター紹介

この本で女神たちのイラストを担当してくれた、イラストレーター陣を紹介します。

●表紙イラスト
こぞう
少年少女隊
http://soumuden.blogspot.jp/

●ヨーロッパの淫蕩な女神イラスト
C-SHOW
（し しょう）
おたべや
http://www.otabeya.com/

●中東、アフリカの淫蕩な女神イラスト
湖湘七巳
（こしょうひちみ）
極楽浄土彼岸へ遥こそ
http://shichimi.la.coocan.jp/

●アジア、アメリカ、オセアニアの淫蕩な女神イラスト
しかげなぎ
SUGAR CUBE DOLL
http://www2u.biglobe.ne.jp/~nagi-s/

本当は淫蕩な女神たち staff

著者	TEAS事務所	協力	當山寛人
監修	寺田とものり	本文デザイン	神田美智子
テキスト	岩田和義（TEAS事務所）	カバーデザイン	筑城理江子
	岩下宜史（TEAS事務所）		
	朱鷺田祐介		
	たけしな竜美	【ホームページ& twitter】	
	内田保孝	http://www.studio-teas.co.jp/	
	鷹海和秀	https://twitter.com/studioTEAS	

■ 主要参考資料

『「世間」論序説 西洋中世の愛と人格』阿部謹也 著(朝日新聞社)
『Dictionary of Gods and Goddesses,Devils and Demons Manfred Lurker』 (Routledge)
『アイルランドの神話伝説1~2』八住利雄 編 (名著普及会)
『アジア女神大全』吉田敦彦、松村一男 編著 (青土社)
『アポロドーロス ギリシア神話』高津春繁 訳 (岩波文庫)
『インド神話』ヴェロニカ・イオンズ 著/酒井傳六 訳 (青土社)
『インド神話伝説事典』菅沼晃 著 (東京堂出版)
『ヴィーナスの神話』矢島文夫 著 (美術出版社)
『エジプト神話』ヴェロニカ・イオンズ 著/酒井傳六 訳 (青土社)
『エジプト神話シンボル事典』マンフレート・ルルカー 著/山下王一郎 訳 (大修館書店)
『エジプト神話集成』杉勇、屋形禎介 訳 ちくま学芸文庫 (筑摩書房)
『エッダ 古代北欧歌謡集』谷口幸男 訳 (新潮社)
『エロスの系譜 古代の神話から魔女信仰まで』A・ライブブラント=ヴェトライ、W・ライブブラント 著/鎌田道生、孟真理 訳 (鳥影社)
『オリエント神話』ジョン・グレイ 著/森雅子 訳 (青土社)
『カーマ・スートラ』福田和彦 (芳賀書店)
『カラー版死者の書 古代エジプトの遺産パピルス』矢島文夫 文/遠藤紀勝 写真 (社会思想社)
『ギリシアローマ神話事典』マイケル・グラント、ジョン・ヘイゼル 共著 (大修館書店)
『ギリシア神話』フェリックス・ギラン 著/中島健 訳 (青土社)
『キリスト教とセックス戦争 西洋における女性観念の構造』カレン・アームストロング 著/高尾利数 訳 (柏書房)
『ケルトの神話 女神と英雄と妖精と』井村君江 著 (筑摩書房)
『ケルトの神話』M.J.グリーン 著/市川裕見子 訳 (丸善)
『ケルト事典』ベルンハルト・マイヤー 著/鶴岡真弓 監 (創元社)
『ケルト神話』プロインシァス・マッカーナ 著/松田幸雄 訳 (青土社)
『ケルト神話・伝説事典』ミランダ・J・グリーン 著/井村君江 監訳/渡邉充子、大橋篤子、北川佳奈 訳 (東京書籍)
『ケルト神話の世界』ヤン・ブレキリアン 著/田中仁彦 訳 (中央公論新社)
『ケルト文化事典』ジャン・マルカル著/金光仁三郎、渡邉浩司 訳 (大修館書店)
『ケルト文化事典』木村正俊・松村賢一 編 (東京堂出版)
『ゾロアスター教の悪魔払い』岡田明憲 著 (平河出版社)
『トーイン クアルンゲの牛捕り』キアラン・カーソン 著/栩木伸明 訳 (東京創元社)
『ファラオの生活文化図鑑』ギャリー・J・ショー 著/近藤二郎 訳 (原書房)
『マハーバーラタ2』山際泰男 編訳 (三一書房)
『マハーバーラタの神話学』沖田瑞穂 (弘文堂)
『マビノギオン シャーロットゲスト版』シャーロット ゲスト 著/井辻 朱美 訳 (原書房)
『マビノギオン 中世ウェールズ幻想物語集』中野節子 訳/徳岡久生 協力 (JULA出版局)
『マヤ・アステカの神話』アイリーン・ニコルソン 著/松田幸雄 訳 (青土社)

『ユダヤの神話伝説』ディヴィッド・ゴールドスタイン 著/秦剛平 訳 (青土社)
『リグ・ヴェーダ讃歌』辻直四郎 (岩波書店)
『ロシアの神話』エリザベス・ワーナー 著/斎藤静代 訳 (丸亀ブックス)
『ロシアの神話』フェリックス・ギラン 著/小海永二 訳 (青土社)
『浦島太郎の日本史』御船勝之 著 (吉川弘文館)
『原典訳 マハーバーラタ1~8巻』上村勝彦 訳 (筑摩書房)
『古事記』倉野憲司 校注 (岩波文庫)
『古代インドの説話 - ブラーフマナ文献より -』辻直四郎 著 (春秋社)
『古代エジプトの性』リーセ・マニケ 著/酒井傳六 訳 (法政大学出版局)
『古代エジプト神々大百科』リチャード・ウィルキンソン 著/内田杉彦 訳 (東洋書林)
『古代の神と王の小事典2 エジプトの神々』ジョージ・ハート 著/近藤二郎監、鈴木八司 訳 (學藝書林)
『古代北欧の神話と宗教』フォル家・ストレム 著/菅原邦城 訳 (人文書院)
『校訂 延喜式 上下』皇典講究所、全国神職会 校訂 (臨川書店)
『女神 聖と性の人類学』三尾裕子、八木祐子、ほか9名 著/田中雅一 編 (平凡社)
『新訳 ラーマーヤナ1~7巻』ヴァールミーキ 著/中村了昭 訳 (平凡社)
『神統記』ヘシオドス 著/廣川洋一 訳 (岩波文庫)
『神話・伝承事典』バーバラ・ウォーカー 著/山下圭一郎 監/青木義孝、栗山尚一、塚野千晶、中名生登美子、山下圭一郎 訳 (大修館書店)
『神話と近親相姦』吉田敦彦 (青土社)
『神話と近親相姦』吉田敦彦 著 (青土社)
『図説ケルト神話伝説物語』マイケル・ケリガン 著/高尾菜つこ 訳 (原書房)
『図説ケルト神話物語』イアン・ツァイセック 著/山本 史郎 訳 (原書房)
『図説世界女神大全 Ⅰ・Ⅱ』アン・ベアリング&ジュールズ・キャシュフォード 著/森雅子 訳 (原書房)
『図説妖精百科事典』アンナ・フランクリン、メイスン・ポール、フィールド・ヘレン 著/井辻朱美 訳 (東洋書林)
『世界女神大事典』松村一男、沖田 瑞穂、森 雅子 編 (原書房)
『世界神話伝説大系14 インドの神話伝説 [Ⅱ]』松村武雄、中村亮平 編 (近代社)
『性と聖 性の精神文化史』クリフォード・ビショップ 著/田中雅志 訳 (河出書房新社)
『西洋中世の男と女 聖性の呪縛の下で』阿部謹也 著 (筑摩書房)
『中国妖怪人物事典』実吉達郎 著 (講談社)
『転身物語』オウィディウス 著/田中秀央、前田敬作 訳 (人文書院)
『日亜対訳クルアーン』中田考 監/中田香織、下村佳州紀 訳 (作品社)
『日本の神話伝説』吉田敦彦、古川のり子 著 (青土社)
『日本書紀1~5』坂本太郎、家永三郎、井上光貞、大野晋 校注 (岩波文庫)
『風土記』吉野裕 訳 (東洋文庫)
『北欧神話』H・R・エリス・デイヴィッドソン 著/米原まりこ、一井知子 訳 (青土社)
『妖精学大全』井村君江 著 (東京書籍)

本当は淫蕩な女神たち

2019年2月27日 初版発行

著者　　TEAS事務所
発行人　松下大介
発行所　株式会社 ホビージャパン
　　　　〒151-0053　東京都渋谷区代々木2-15-8
電話　　03 (5304) 7602 (編集)
　　　　03 (5304) 9112 (営業)

印刷所　株式会社 廣済堂

乱丁・落丁（本のページの順序の間違いや抜け落ち）は購入された店舗名を明記して当社パブリッシングサービス課までお送りください。
送料は当社負担でお取り替えいたします。
但し、古書店で購入したものについてはお取り替えできません。

禁無断転載・複製

© TEAS Jimusho 2019
Printed in Japan
ISBN978-4-7986-1876-0 C0076